绵阳故事

（二）

绵阳市地方志编纂中心／编

绵阳方志

方志出版社
Publishing House of Local Records

图书在版编目（CIP）数据

绵阳故事. 二 / 绵阳市地方志编纂中心编. —北京：方志出版社，2023.12

ISBN 978-7-5144-6026-1

Ⅰ. ①绵…　Ⅱ. ①绵…　Ⅲ. ①绵阳-地方史　Ⅳ. ①K297.13

中国国家版本馆CIP数据核字（2024）第010118号

责任编辑：李丝雨
责任校对：张玉霞
责任印制：梅中英
出 版 者：方志出版社
地　　址：北京市朝阳区潘家园东里9号（国家方志馆4层）
邮　　编：100021
网　　址：http://www.zgfzcb.cn
发　　行：方志出版社图书营销中心（010-67110500）
印　　刷：成都勤德印务有限公司
开　　本：880毫米×1230毫米　1/32
印　　张：4.75
字　　数：77千字
版　　次：2023年12月第1版
印　　次：2023年12月第1次印刷
定　　价：32.00元

“绵阳地情丛书”编辑部

主　编：韩贵钧

副主编：万晓翠

编　辑：郭　徽　王　飞

目 录

三国文化与绵阳

绵阳西山蒋琬墓园（何显刚/摄）

绵阳市位于四川盆地西北部，涪江中上游。绵阳主城区古属涪县，因其地处成都东北要冲，有“剑门锁钥”“蜀道咽喉”“成都屏障”之称，历来是川西北重镇，为兵家必争之地。三国时期，在绵阳市境内曾发生过许多重要历史事件，留下了诸多历史文化遗存，形成了丰富的三国文化资源。

绵阳在三国时期的重要战略地位

今绵阳市境在汉代属广汉郡。三国时期蜀汉政权建立后，从广汉郡北部分出梓潼郡，其中的梓潼县、涪县在今绵阳市境。又从广汉郡东部分出东广汉郡，其中的郪县属今三台县，广汉县属今盐亭县。今江油市北部及平武县当时属阴平郡。这一片土地位于四川盆地北部，既有肥沃的平坝，又有险峻的山地，具有既富庶又险要的特点。古语有“大旱不旱，蜀有广汉”之说。据《华阳国志》记载，涪县、郪县都有山原田（即浅丘陵上的稻田），“绵（指今德阳、绵竹、安县一带）与雒各出稻稼，亩收三十斛，有至五十斛”。稻谷产量相当于现在的亩产390千克，最多的达580千克，可见产量之高。还记载涪县、梓潼有金银矿，郪县产井盐。刘备到达涪县后感叹："富哉，今日之乐乎！"称绵阳为"富乐之乡"，是完全符合历史事实的。涪县还是重要的军事战略要地，两道（金牛道、阴平道）和三江（涪江、安昌江、芙蓉溪）在此交汇，是蜀中去中原和陇右的必经之地，又是巴与蜀的交通要道。《华阳国志·汉中志》载："涪县去成都三百五十里，水通于巴。于蜀为东北之要，蜀时大将军镇之。"占领涪县可打开成都东北之屏障，进而占领成都和四川；失去涪县则无法在四川站住脚跟。由此可见，绵阳在三国时期具有非常重要的战略地位。

三国蜀汉兴亡系于涪

作为三国时期蜀汉战略要地，绵阳为众多三国历史人物提供了重要的历史舞台，也见证了三国蜀汉政权的兴亡。

东汉末年，朝政腐败。宗室重臣刘焉看到天下即将大乱，主动请求到"天府之国"——四川做益州牧，并想踞此以成帝业。他死后，其子刘璋继任益州牧。此时益州北边受到汉中张鲁、曹操的威胁，益州内部的豪强地主又与刘璋作对，益州面临外有强敌、内有隐患的统治危机。张松、法正极力劝说刘璋请刘备入川，合力对付张鲁和曹操，但实际上他们是想让刘备入川后取代刘璋。刘璋派法正去荆州请刘备。诸葛亮在未出茅庐之前，已经为刘备谋划了“西取益州，东联孙吴，北伐曹魏”的战略，今刘璋既主动来请，正是求之不得的好事。

211年，刘备留诸葛亮、关羽镇守荆州，带上军师庞统，将军黄忠、魏延，率军数万，沿长江、嘉陵江、涪江，进军涪县（今绵阳城区涪江之东开元场一带），人马驻扎在涪县城郊东山（今富乐山）一带。刘璋听说刘备到了涪县，率领步骑3万余人去涪县迎接。刘璋到了涪县，法正劝刘备乘机杀掉刘璋；庞统也建议刘备在酒席之上，趁刘璋不备，将其杀掉，直取成都，无须打仗，就可得益州。刘备称“此大事也。初入他国，恩信未著，不可仓促”（《华阳国志》卷五），对这些建议弃之不用，反而与刘璋在涪县欢宴百日。刘璋要刘备出兵去北边打张鲁，并资助军粮20斛、马千匹、车千辆。刘备便率军进驻葭萌关（今广元市昭化，嘉陵江与白龙江汇合处）。然而刘备军并未进攻汉中，却以葭萌为据点，“厚树恩德，以收众心”，不断扩充自身实力。

绵阳富乐山公园“涪城会”大型浮雕（局部）（何显刚/摄）

212年，刘备军事实力壮大，亦觉时机成熟，欲反攻刘璋，夺取西川，但翻脸尚需借口。恰在此时，曹操攻孙权，孙权向刘备求救。刘备借此机会向刘璋要1万人马及军需物资，刘璋只给了4000名老弱残兵、一半军需物资。刘备借此向刘璋发难。经过征战，打败刘璋，于214年占领全川，刘璋投降。221年，刘备在成都称帝，建立蜀汉政权，故可谓蜀汉之兴起于涪。

蜀汉政权建立之后，刘备和诸葛亮对涪县这个战略要地十分重视，常派大将镇守。为保障从成都经涪县至汉中这条交通大动脉的畅通无阻，刘备在金牛道上“起馆舍（相当于接待站），筑亭障（哨所、堡垒之类），从成都至白水关，四百余区”

（《三国志·先主传》注引《典略》）。又在阴平道上设置江油关（在今平武县江油关镇）。据《华阳国志·汉中志》载："平武县，有关尉。自景谷有步道径江油左儋出涪……刘主时置义守，号关尉。"涪县与剑门关、江油关呈掎角之势，并且是金牛、阴平两条交通要道上的军事重镇和给养补充基地。

刘备死后，诸葛亮北伐，把涪县作为他的战略后方，曾经扎过兵营。至今绵阳仍有涪水诸葛营遗迹，大约在今开元场北面的龟山到五里堆一带的山梁上。

诸葛亮的继承人蒋琬主持朝政以后，更为重视涪县的战略地位，把北伐的指挥中心从汉中移至涪县。244年，曹爽派兵十万攻汉中，蜀军据险以守，蒋琬派费祎带领涪县的援军赶到前线，迫使魏军撤退，涪县发挥了其作为战略基地的重要作用。

蜀汉后期，宦官专权，政治腐败，国力日衰。在魏国专权的司马昭，于263年派钟会、邓艾伐蜀。姜维在剑门关死守，钟会久攻不下。邓艾带3万人马，从阴平小道直逼江油关，守将马邈不战而降。邓艾军直逼涪县。诸葛亮的儿子诸葛瞻临危受命，率兵防守涪县城，被邓艾攻下。诸葛瞻又退守

绵阳西山蒋恭侯祠蒋琬像（何显刚/摄）

绵竹（今德阳市黄许镇），经激战后全军覆没。邓艾军直逼成都，刘禅投降。此时姜维率领的蜀军主力不得不撤退至郪县（今三台县郪江镇），准备救援成都。而投降了邓艾的刘禅下诏让姜维就地向魏军投降。姜维率军正准备浴血奋战，接到刘禅投降的命令，“将士咸怒，拔刀砍石”（见《三国志·姜维传》）。无奈之下，姜维只得下令放下兵器，不再抵抗，将符节交给魏将胡烈，向占据涪县的钟会投降，蜀汉政权由此彻底灭亡。故蜀汉兴亡皆与涪县密切相关。

绵阳市境内的三国历史遗迹和传说故事

三国时期的政权鼎立、群雄争霸，为地处蜀汉要地的绵阳书写了浓墨重彩的历史篇章，也在这方土地上留下了丰富的三国历史遗迹和传说故事。

（一）富乐山

富乐山位于绵阳市游仙区境内，原名东山，又因山势向东绵延伸展而称旗山。据《方舆胜览》记载："富乐山在巴西县东五里。刘备自蛮荆入蜀，刘璋延至于此山，望见蜀之全胜，饮酒乐甚，故得富乐山之名。"后来人们便以此典故改东山名为富乐山。富乐山因二刘涪城会而声名显赫。唐高宗时开始在山中建庙设坛，唐武宗时又大兴土木，加以扩建。到了宋代，以山名寺，始有富乐寺之名。富乐山为历代文人墨客钟爱游览之地，一些描写富乐山的诗文流传至今，如南宋大诗人陆游的《东山》，清代著名诗人、学者李调元的《游富乐山》等。

随着历史的变迁，富乐山的文化遗址逐渐湮没。1985年绵阳建市，富乐山被规划为城区开发景点的首选之地，着力打造三国文化品牌。1987年，绵阳市建委主持动工兴建富乐山风景区。经过二十余年的营建，现已开发建成汉皇园、豫州园、绵州碑林、富乐阁、富乐堂、桃源洞、冷源洞、玄德湖、玉镜湖、碧云崖等十大景观区近百处景点。其中，位于富乐山顶的富乐阁，高约53米，共5层，其建筑风格和高度堪与武汉黄鹤楼相媲美，登上此阁可一览秀美的绵阳城市风光。阁内陈列有根据《三国演义》120回故事制作的120组情景雕塑。富乐阁下侧的峭壁上刻有长达26米的大型浮雕《涪城会》，描绘了刘备与刘璋涪城会的盛况 。浮雕下方

绵阳富乐山公园富乐阁（何显刚/摄）

是绵州碑林，陈列有500余块古代和近现代名家书法绘画题刻，内容以三国文化为主题。富乐堂则是在原富乐寺的旧址上，为纪念刘备与刘璋涪城相会而建的殿堂、庭院与园林相结合的景区。其主体建筑涪城会馆为一四合院建筑群，建筑面积2230平方米，正殿内塑有一组由20尊圆雕组成的大型泥塑群像，再现涪城会的历史画卷。富乐山风景区还建有“桃园结义”“五虎上将”“鱼水君臣”“蜀汉四英”

绵阳富乐山公园风光（何显刚/摄）

绵阳富乐山公园三国人物雕塑——蜀汉四英（何显刚/摄）

“庞统献策”等大型群雕，生动展现了三国历史故事和人物的风采。整个景区集三国历史文化景观和秀丽的山水园林风光于一体，现已成为剑门蜀道三国旅游热线上的重要景点。

（二）西山

西山，又名凤凰山，位于绵阳市区西部，紧邻绵阳火车货运站。山上有蒋琬墓与姜维营。诸葛亮的后继者蒋琬一生与绵阳关系密切，曾先后4次到绵阳，特别是第四次驻涪县长达4年之久。234年，诸葛亮去世前，密报后主刘禅："若臣不幸，可以蒋琬代臣。"（《华阳国志·刘后主志》）诸葛亮去世后，蒋琬主持朝政，总结北伐经验教训，改变诸葛亮进军方略，不再以汉中为战略基地进攻关中，而是以水陆交通发达的涪县为攻防大本营。他说："今涪，水陆四通，惟急是应，若东北有虞，赴之不难。"（《三国志·蒋琬传》）后主刘禅采纳了他的建议，242年开始战略转移，派大将姜维驻守涪县。243年，蒋琬从汉中移屯涪县，涪县成了军事指挥中心。蒋琬驻涪县不久，由于身体有病，主动让贤，先后将自己"大将军并录尚书事"和"益州牧"的

绵阳西山蒋琬墓（何显刚/摄）

职务交给费祎。在妥善地移交了军政大权之后，蒋琬于246年病逝，谥为恭侯。安葬在涪县之西山。现存的墓是清光绪十六年（1890）由蒋琬后裔、龙安知府蒋德钧培修的。蒋琬墓旁有恭侯祠，始建于清道光二十九年（1849），后被毁。1986年重建，并在祠前塑蒋琬铜像，祠内陈列蒋琬生平事迹，祠的两边回廊有蒋琬执政时的文臣武将线雕图像。

魏国大将钟会敬仰蒋琬，写信询问蒋琬的儿子蒋斌，蒋琬墓在何处？蒋斌回信说："亡考昔遭疾疢，亡于涪县，卜云其吉，遂安厝之。"钟会得信后，"及至涪，如书所云"。晋人常璩《华阳国志》载："涪县……大司马蒋琬葬此。"唐人李吉甫的《元和郡县图志》、明人曹学佺《蜀中名胜记》也都明确记述蒋琬葬于涪县之西。又据20世纪30年代在蒋琬墓中出土的带钩（现藏于四川博物院），铭文中有"北斗列列，三昭在阙。旋□（玑）玉衡，□□宫卫，常保社稷"等字句，与蒋琬的宰辅身份相合。可见西山上的蒋琬墓是真墓而非衣冠冢。

在西山有营盘嘴，民间传说是姜维的扎营处。《三国志·蜀书·后主传》载："（延熙）五年春正月，监军姜维督偏军，自汉中还屯涪县。"扎营处就在西山营盘嘴，距蒋琬墓约300米。

（三）诸葛营

诸葛亮北伐，把涪县作为他的战略后方，曾经驻扎过兵营，至今绵阳仍有涪水诸葛营遗迹。据明代王让（明成祖时曾做过皇太孙朱瞻基的侍读，宣德年间任吏部右侍郎）《记略》云：“西绝涪水，有山曰柏下，诸葛公营垒在焉。而乔木婆娑者，蒋公琰（琬）万秋之宅，钟士季之所尝致敬也。”柏下山具体位置已不可考。涪水诸葛营的位置有三种说法：第一种说法认为在西山公园营盘嘴。民间传说姜维的扎营处就在西山营盘嘴。之前诸葛亮也在这里扎过营。此处离蒋琬墓较近。第二种说法认为在开元场北面的龟山到五里堆一带的山梁上。五里堆原来是距州城五里的土堆，高宽均约十米，传说是张飞点将台。诸葛亮也可能在此扎过营。第三种说法认为在今洞天公园。该公园原名旗堡梁，因山上曾有碉堡，遍插旗帜，又在金牛道边，应当是诸葛亮扎营之处。诸葛营是重要的三国文化遗存，至今尚未开发利用。

（四）七曲山

梓潼是三国时期金牛道上的重镇，刘备、诸葛亮等多次率军经过此地。七曲山在梓潼县城东北，山中建有大庙，被奉为文昌祖庭。明代时，在七曲山大庙中建有关帝庙。关帝庙由皋门、拜殿、关圣殿组成。关圣殿仍保留明代的建筑特色，皋门、拜殿为清乾隆年间（1736—1795）所修，整个建筑古朴典雅、雄伟壮观。关圣殿中供奉有关羽坐像，生铁铸造，通体鎏金，高5米、宽3.1米，头戴冕鎏，金脸长须，身穿金色龙袍，腰束玉带，手执象笏，神情威严，一副帝王模样。关羽左侧为关平、关兴、王甫，右侧为周仓、关索、赵累。

梓潼七曲山大庙关圣殿（何显刚/摄）

七曲大庙的金脸金袍关公在全国是独一无二的。全国各地关帝庙中的关公像大都是象征武勇刚烈的红脸，着绿袍，七曲山大庙关公像的金脸金袍传说是明末农民起义领袖张献忠改过来的。传说张献忠当了大西皇帝，认为统治天下要文武双全，因此在他的家庙里供奉着一文一武，既然文昌帝张亚子是金脸金袍，武帝关云长也被涂成金脸金袍。

七曲山下有瓦口关，古金牛道穿岩而过，地势十分险要，为兵家必争之地。《三国演义》第70回写了“猛张飞智取瓦口隘”，描写张飞在瓦口隘大战张郃的故事。据考证，瓦口隘在今达州市渠县东宕渠寨。传说张飞当年经过七曲山时，见这关口上

梓潼七曲山瓦口关（杨茂林/摄）

是悬崖峭壁，下是绝壁千仞，濒临潼江，不禁想起了大败张郃的情景，于是对左右赞道：“这地方太像当年杀得张郃落荒而逃的瓦口关啊！”当地人出于对智勇双全的张飞的崇敬，就把此地称为“瓦口关”。如今修复的“瓦口关”以条石砌成城墙关门，依山就势，城楼高耸，形势险峻，有“一夫当关，万夫莫开”之势。关口下的古驿道犹存，石板上尚有车辙、马蹄印。箭楼上有刘备、关羽、张飞、诸葛亮等人的塑像。其中的彩塑张飞像，“豹头环眼，燕颔虎须”，栩栩如生。关口有“张飞趟脚石”。相传张飞骑马快步经过此处时，因马失前蹄，跌落马下，在石上留下了几道很深的脚印。后来行人走到这里，也要在张飞的脚印上踩一踩，于是脚印愈来愈深，久而久之形成石槽，成为当地的一处历史文化遗迹。

（五）金牛道与翠云廊

金牛道是西蜀通往中原最重要的通道。据《水经注·沔水》中引《本蜀论》记载：“秦惠王欲伐蜀而不知道，作五石牛，以金置尾下，言能屎金。蜀王负力，令五丁引之，成道。秦使张仪、司马错循路灭蜀，因曰石牛道。”因石牛能屙金，故又名金牛道。李白《蜀道难》云“地崩山摧壮士死，然后天梯石栈相钩连”，就是对古代开蜀道的英雄们的赞颂。金牛古道的线路从成都—德阳—绵阳—梓潼—剑门关—广元，一直通到汉中，再越过秦岭到长安。古道在剑门关以北多为栈道，剑门关以南至梓潼境内即为石板路。三国时，蜀汉为适应大军北征的需要，对金牛道进行整修拓建。刘备曾在金牛道上“起馆舍、筑亭障，从成都至白水关，四百余区”（《三国志·蜀书·先主传》引鱼豢《典略》）。诸葛亮亦在该道“凿石驾空为飞梁阁道，以通行路”（《元和郡县志》卷34）。至今七曲山仍有数段古金牛道遗迹依稀可见。

梓潼七曲山古金牛道遗迹（杨茂林/摄）

翠云廊是金牛古道沿线的一大著名景观。在300余里的金牛古道两旁，北起剑阁，南至梓潼，东达阆中，古柏参天，林带如海，自古就被称为“三百里长程十万树”。置身其间，林木郁郁苍苍，古道蜿蜒幽深，如同一条遮天蔽日、展翠抹云的绿色长廊，故而得名“翠云廊”。翠云廊梓潼段，北起演武乡，南达石牛镇，全长42千米，有森林1300多公顷。据考证，翠云廊的古柏多数是天然树木，少数为人工栽植。相传秦始皇统一六国后，砍伐蜀中之木修建阿房宫，杜牧《阿房宫赋》中记述“蜀山兀，阿房出”。把蜀中的树砍光去修建阿房宫，引起蜀地百姓怨声载道，于是秦始皇诏令在驰道两旁植树，以补其损，翠云廊因而又被称为“皇柏古道”。又传蜀汉大将张飞镇守阆中、张翼镇守梓潼时，为使成都、梓潼、巴西（阆中）之间的军政文书传递者不迷失路途，即率领军士“植柏表道”。至今人们又把这些古柏称作“张飞柏”“张翼柏”。翠云廊是三国蜀汉军队北伐要道，古人还借用其他三国蜀汉人物为形态各异的古柏命名，如孔明柏、皇叔柏、关圣柏、子龙柏、马超柏、姜维柏、太子柏、魏延柏等。

梓潼七曲山翠云廊古柏林（冷帆/摄）

保存至今的翠云廊上的大部分古柏是明正德年间（1506—1521）的剑州知州李璧倡导驿道两旁的人民所植的，距今已有400多年。到了清代，驿道两旁的柏树长得更加苍翠茂盛，清康熙年间（1662—1722）的剑州知州乔钵正式将其命名为“翠云廊”。翠云廊在清嘉庆年间（1796—1820）普查有古柏3万余株，1997年再逐株（除3米以下的矮树）挂牌登记，由梓潼石牛镇至剑阁，由剑阁至阆中约165千米，共有成林柏、古柏9233株。

（六）演武铺

原名阳沔戍，在梓潼县城北六十里，是金牛道上著名的驿站。据《梓潼县志》记载，因诸葛亮曾在此操演兵马而改名演武铺。这里是诸葛亮北伐必经之地，蜀汉建兴五年（227），诸葛亮北伐，曾在此驻兵，“白日树旗，黑夜明灯”演练攻防战法。在界牌子梁有演武厅、校场坝、点将台等遗址。演武厅以东有七星山，相传诸葛亮曾在此操练七星阵法。山上有烽火台遗址。

（七）卧龙山

卧龙山在梓潼县城西15千米。传说诸葛亮率兵北伐，路过此山，登高眺望，但见山清水秀，田畴交错，男耕女织，怡然自得，不禁想起自己曾经隐居多年的地方，于是喟然长叹曰：“此处似吾南阳卧龙岗也！”决定将此处作为屯粮练兵之地。此后这座山便名为卧龙山，又名葛山、亮山。此事在《三国志》《三国演义》中虽无记载，但在许多地方史志中都有记载。如宋代王象之的《舆地纪胜》记载：“葛山，旧名亮山，在梓潼县北二十五里。《旧经》云：昔诸葛北征尝营此山，因名。”明代曹学佺的《蜀中名胜记》载：“梓潼县……有葛山。《志》云：县西南二十里。葛山又名卧龙，相传武侯伐魏，驻兵于此，见虎豹蛇虫势恶，自卧草中，兽皆俯伏。”清嘉庆版《四川通志》载：“武侯庙在（梓潼）县西北三十里葛山上，八卦井尚存。”清咸丰《梓潼县志》载：“葛山，县西三十里，一名亮山，今名卧龙山。昔诸葛武侯置营于此。有葛山寺，久圮。寺后有泉，石刻‘孔明泉’，今犹引溉，有田亩。”

卧龙山现存有孔明泉、饮马池、诸葛寨、跑马

梓潼卧龙山孔明泉（潘璜政/摄）

场、点将台等三国文化遗址。孔明泉常年不干涸，今人在泉水处建有孔明殿。殿外有饮马池，相传为诸葛亮所掘专供军马饮水的水池。山顶有诸葛寨，应为南宋末年为抗元兵重修，尚有寨墙遗迹可寻。诸葛寨最高点处为点将台，相传诸葛亮曾站在此处检阅操练兵马。点将台下有跑马坪，长约900米、宽约60米。

卧龙山南寨门下200米有“汉驸马都尉诸葛乔墓”，为今人所建。诸葛乔是诸葛谨之子，过继给诸葛亮。相传诸葛乔随军伐魏时，因押运粮草失职，被贬为庶民，居于卧龙山麓，病故后葬于当地。

卧龙山东麓的井冈坪三泉乡白雀村有魏延祠。在祠前的魏家河东，原有魏家河庙，庙前有三块石碑，其中一块刻有“魏延率兵驻此”。该庙毁于1968年，现祠庙为当地人重建。

（八）御马岗

御马岗在梓潼县城东二十里马鸣乡。东汉建安十八年（213），刘备率兵南下攻打刘璋。进军到梓潼时，王连坚守不出，刘备只得绕道而行，曾将军队驻扎在御马岗。至今尚有拴马桩、饮马缸遗址，传说刘备曾在此拴马、饮马。

（九）李严祠

李严祠在梓潼县城南，长卿山下。是尚书令李严被贬为庶民后的住地。李严在北伐的后勤供应上搞两面派，被诸葛亮揭穿后，“乃废为民，徙梓潼郡”（《三国志·李严传》）。在梓潼城南的长卿山下，有横造庐旧址，就是李严被贬后思过之处。相传李严被贬后仍盼望被重新起用。其夫人数落丫头之过，李严联想自己“横造无端”，贻误诸葛亮北伐，于是将住处改名“横造庐”。死后名李严祠。曾有李严墓，现已不可考。

（十）阴平道与江油关

三国时期，曹操为了巩固西北边境，在距今甘肃文县县城约5千米处的鹄衣坝设置阴平郡。当时的阴平郡不仅包括今天甘肃的文县，也包括今四川境内的青川、平武两县的部分地区。纵贯全郡南北的那条羊肠小道，被称为阴平道。阴平道出文县鹄衣坝后，沿途经阴平桥，翻越摩天岭进入青川境后，经唐家河、落衣沟、阴平山、马转关、靖军山、清道口，至江油关（今平武县江油关镇）止。阴平道是古时沟通川西平原和西北经济往来的一条重要通道，甘南以至西北的药材、山货可以由马帮经阴平道运至江彰平原，再走水路销往川内各地。

阴平道因三国时期魏国大将邓艾经此路奇袭灭蜀的故事而闻名天下。263年，邓艾伐蜀，从甘南翻越摩天岭，“自阴平由景谷道傍入”，到达江油关。《三国演义》第117回中，描述了邓艾在渺无人烟的崇山峻岭中行军700里，经20多天跋涉，直抵江油关，江油关守将马邈不战而降的全过程。现在阴平道上留下了许多邓艾伐蜀的遗迹及传说故事。其中有些民间传说是《三国演义》上没有的，如传说邓艾至江油关前，使用疑兵之计，在当地收集了大批山羊，晚上在羊角上绑火把，羊群在关外遍布山野，马邈以为魏军甚多，不敢与战，不听妻子李氏苦苦劝告，开关投降邓艾，李氏夫人投河殉国。当地民众对这位忠烈的李氏夫人十分敬重，建修了李氏夫人祠、李氏夫人墓，但因年代久远，现已无存，仅有明代立的“汉守将马邈忠义妻李氏故里”碑尚在。传说涪江涨水，将李氏夫人墓内的棺材冲至江油武都镇（原江油县城）外的河滩上，当地百姓发现后，重新埋葬，并在城中修李氏夫人祠。现祠已毁，而李氏夫人墓尚在武都镇桃花岛上供人凭吊。

重建的平武江油关关楼（胡宇/摄）

到南梁时，在此割据称雄的李龙迁在原江油关的基础上筑城，现在还可看到一段城墙遗迹。2008年“5·12”汶川特大地震后，河北省对口支援平武县，在江油关镇重建了江油关关楼，成为当地展现三国文化的新景点。

（十一）养马坝

养马坝位于江油市厚坝镇，地处江油关之南偏东，马阁山之南麓，原名野马坝，古代坝中常有大群野马出没，故得其名。据《太平寰宇记》记载：“马阁山在（阴平）县（今江油市小溪坝镇）北六十里，北接梁山，西接岷峨，昔魏将邓艾伐蜀，从景谷路射龙州江油县（今平武县江油关镇），至此悬崖绝壁，乃束马悬车作栈阁，方得路通，因名马阁山。”传说邓艾占领江油关后，曾分兵一股，在马阁山麓将野马驯养为战马，故称此地为养马坝，又称养马峡。这里峰峦叠翠，飞泉奔泻，碧水潺潺，景色优美。如今，养马峡已辟为景区，包括白洋洞溶洞群、养马古镇、蒲家沟、转迂峡、龙隐谷、望天峡等景点，吸引众多游客前来休闲、避暑、度假。

（十二）五层山

五层山在今三台县永明镇境内，蜀汉时属涪县。刘备入蜀时，曾经过此处，留下传说和遗迹。清光绪《潼川府志》载：“五层寺在县北五层山，亦呼五泉山。上旧有断碑，长丈余，刻‘汉昭烈帝扬兵处’，未记年代。其碑已埋荒埂中，今不可觅。好事者复竖小碑于寺右，书如其字。又路侧有石磴，方广三尺余，高二尺余，中作圆孔，大如升，相传为昭烈竖旗磴。”民国《三台县志》载：“五层山寨……形势五层，上有旗磴，相传为蜀汉昭烈帝观兵处。今筑为寨，势甚雄峻。”“旁有字数行，模糊难辨，惟‘大汉建兴元年’六字大概犹存。”刘备从荆州率兵入蜀，溯涪江，至涪县，必经五层山，在此扎营、阅兵是完全可能的。与五层山隔涪江相对的地方叫刘营，也是为纪念刘备曾在此扎营。

当地关于五层山的民间传说有《水打涪城坝》《刘备丢剑》。相传刘备入川，曾驻扎涪城坝（今三台花园镇），刘璋之子刘循引涪江水，淹刘备军营，刘备及时带领士兵上东边的五层山上避洪水。这便是《水打涪城坝》的故事。《三国演义》第63回，也写有引涪江水淹刘备军营之事，但与民间传说不同的是，不是刘循，而是泠苞计划引涪江水淹刘备军营，而被彭羕告知刘备，由于早有防备，泠苞未及决堤引水就被魏延俘获。《刘备丢剑》是说刘备驻军在五层山上，不小心将佩剑落入八角井中。又传说刘备将金镶玉印和兵书藏入八角井中。今五层山尚有井口为八角形的古井。

（十三）郪道

郪道也是蜀中一条重要的交通要道，从成都出发向东经五城县（今中江县）到郪县（今属三台县），再向东经今盐亭县境，至巴西郡（今阆中），沿嘉陵江北上，至葭萌（今广元市昭化）与金牛道会合；南下可达垫江（今合川）、巴郡（今重庆市），这是一条东通三巴、西接三蜀的交通大动脉。

邓艾占领涪县后，“姜维未知后主降……乃回由巴西（今阆中），出郪（今三台郪江镇）、五城”（《华阳国志》），准备救援成都。投降了邓艾的后主刘禅，下诏书命令姜维就地向魏军投降。“乃投戈放甲，诣会于涪军前。将士咸怒，拔刀砍石”（《三国志·姜维传》）。今三台郪江镇通往成都的古郪道上，尚有剑砍石、“五里斑”、“十里斑”的地名及遗迹，与正史记载可以相互印证。

《三国演义》第118回，写姜维向钟会假投降的地点在剑阁。“且说太仆蒋显到剑阁，入见姜维，传后主敕令，言归降之事。维大惊失语。帐下众将听知，一齐怨恨，咬牙怒目，须发倒竖，拔刀砍石。”今剑门关也有剑砍石，是据《三国演义》而来。

（十四）郪江崖墓群

三国时期的墓葬是三国文化的集中表现。其中最负盛名的是三台郪江崖墓群。据专家考证，这些崖墓群属于东汉晚期至蜀汉。历史学上说的三国时期大体就是这段时期。早在春秋战国时期，在郪江一带就有郪国。西汉高帝六年（前201）在这里设了郪县。据《华阳国志·蜀志》载：“郪县有山原田、富国盐井……大姓王、李氏。又有高、马家，世掌部曲。蜀时高胜、马泰皆叛，伏诛。”这里在汉代井盐业十分发达，出了不少的富商，他们买田置地，成为豪强地主，拥有大量土地和依附农民，还拥有私人武装（部曲）。他们的子弟读书做官，出了不少显赫人物。他们对刘备的统治不服，在东汉建安二十三年（218）叛乱，高胜、马泰率部曲数万人，一直打到资中。刘备派李严率兵镇压，可见郪县豪强地主势力之大。这些豪强地主聚族而居，死后也凿岩安葬在一起，因而形成了庞大的崖墓群。在三台郪江镇，郪江两岸的崖墓密如蜂巢，数以千计，好像走进了1800年前的地下村落，规模最大的达80平方米，有前、中、后三厅加两个耳室。墓室内有大面积彩绘装饰、圆雕、浮雕、线雕，生动地表现了神话传说、日常生活和劳动场面，反映了东汉及三国时期的社会面貌，有很高的艺术价值、历史价值和旅游开发价值。1996年，三台郪江古崖墓群被列为全国重点文物保护单位。

（十五）流传在绵阳市境内的三国历史传说故事

据统计，在绵阳市境内流传至今的三国故事约有40多则。有的传说故事因被写进小说《三国演义》中而流传更为广泛。如二刘涪城会、江油关马邈不战而降、李夫人殉国等故事。有的传说故事在《三国演义》中则有所改编，如第81回，写刘备出征东吴前，向李意问吉凶成败之事，故事情节与民间传说一致，只是将人物“李意期”改为“李意”，将故事发生地由富乐山改为青城山。

其他流传在民间而未在《三国演义》中记述的三国传说故事还有关于诸葛亮的“云台山孔明点七星灯”“卧龙山诸葛亮剑穿孔明泉”“一箭之地”（诸葛亮用计迁白马人到平武）；关于蒋琬的“蒋琬四入涪县城”“蒋琬降龙救百姓”；关于邓艾的“马刨泉”（传说邓艾军到江油关前缺乏饮水，邓艾的坐骑用蹄子刨出一股清泉）等。其中与张飞相关的传说特别多，如安州乐兴和塔水的“上高冠”和“下高冠”，传说是张飞筑城留下的一挑土；梓潼的“扁担石”（在梓潼演武铺，传说是张飞担军粮的扁担）、“书箱石”（在梓潼县城南五里，传说是张飞的两个书箱）、“骂牛坝”（梓潼七曲山下，传说张飞在此骂啃食他所栽柏树的牛）、“老马渠”［在三台县老马乡，传说张飞过河，马不愿意过，张飞就“抢着”（方言词，意为扛着）马过河］、“石鼓坝”（在三台县刘营镇，有巨石似鼓，传说是张飞擂过的鼓）等。尽管很多传说故事及其附会的遗迹与真实的历史事实并不相符，但却反映出三国历史文化在绵阳的巨大影响力，也体现了绵阳人民对三国英雄人物的喜爱和崇敬之情。

三国文化在绵阳的传承与发展

（一）三国戏剧

根据三国故事改编的三国戏，在绵阳久演不衰。出生于绵州的清代著名学者、诗人、戏曲家李调元办的“家乐班”，就曾在绵州、成都等地大演三国戏。清同治年间（1862—1874），川剧戏班“太洪班”在绵州、江油一带演出三国戏100多本。民国时期，川剧大师康芷林、周海泉到绵阳演出《八阵图》等三国戏，盛况空前。各地的关帝庙则在每年的农历五月十三日“关公单刀会”那天上演关公戏。中华人民共和国成立后，尤其是改革开放以来，川剧艺术再度复兴，绵阳的川剧团也经常上演三国戏。1984年，文化部和省文化厅组织力量，在绵阳的川剧老艺人中，搜集整理了154本传统三国戏，从《黄巾起义》到《三圣宫》，几乎囊括了全部三国历史。富乐山风景区建成后，经常在富乐堂戏

2019年富乐山三国文化节开幕，演员们表演川剧三国戏（田明霞/摄）

台举行三国题材的川剧表演，成为吸引游客的一大特色活动。近年来，绵阳的本地作者还新编了《富乐山》《涪城会》《蜀汉悲歌》《蜀相蒋琬》等三国戏剧本，大力弘扬绵阳的三国文化。2019年秋，天青苑川剧团在富乐山三国文化节上实景演出三国戏，受到游客欢迎。

（二）三国文化旅游

绵阳市境内丰富的三国文化景观，具有很高的旅游开发价值。其中富乐山风景区、西山风景区、梓潼七曲山大庙风景区等已开发成较为知名的三国文化旅游景区。2019年，位于绵阳市区园艺山的“上马·望蜀苑”历史文化街区建成开街。街区以当地三国典故为基础，营造出浓郁的三国文化氛围，将文化、旅游、商圈有机结合，吸引众多商家入驻和游客打卡，成为绵阳市区颇具人气的网红街区。总体来看，绵阳的三国文化旅游资源仍有很大的开发潜力。

（三）三国文化研究

绵阳自1985年建市以来，对三国文化的研究和发掘较为重视，其中的主要研究力量是绵阳市三国演义学会。该学会于1991年4月正式成立，是全国首个市（地）级三国文化学会。学会成立30年来，坚持每年举办一次学术年会、不定期举办专题学术会，先后举办6次全国性和国际性的三国文化主题学术会议。积极开展学术研究，在各级刊物及相关媒体发表三国文化研究著作300余篇，出版专著、文集、期刊、影视剧本、川剧剧本30余部。其中，高显齐创作的《红颜劫》在全国市县三国研究机构第三届学术会议期间展览，受到专家好评；李德书编著的《巴蜀文化简论》作为高校教材出版；《川剧三国戏汇编》获得四川省优秀社科成果特别奖。（蒋　志）

江油重华火药文化故事

江油重华老君山

火药是中国古代的“四大发明”之一，其主要成分是硝。历史上天然硝石主要出产于四川、甘肃等地区，而江油市重华镇老君山一带就是其中的主要产地之一。在重华镇老君山区域分布着众多的古硝洞遗址，现考古发现的有25个。考古专家先后在这些硝洞遗址中发现了元、明、清三代的炼硝池、工作台面、采硝人员的生活用陶片、码放整齐的石块堆积层和石块铺成的便道遗迹，表明这里是中国古代最大的火药制造基地之一。重华镇也因境内的古硝洞遗址群以及由此衍生的火药文化，而被誉为“中国火药之乡”。

重华老君山硝洞遗址

老君山位于龙门山脉中段，由严家岩、大坪山、魔芋山、藏王寨山、寨子山、贺家山、梨树坪峰等山峰组成，山岭南北绵延21千米、东西宽14千米，面积300余平方千米，跨越江油武都、永胜、重华等乡镇。主峰梨树坪海拔2345米，其余山峰海拔均超过2000米，为省级自然保护区。在重华镇，当地人很早就知道老君山上隐藏着许多荒废已久的硝洞，但并没有人深入其中一探究竟。

老君山古硝洞遗址之朝阳洞

2003年12月，文物专家、北京古代建筑博物馆馆长徐向东教授应邀率科考队，首次对老君山古代硝洞遗址进行全面考察。科考队发现，老君山地势险要，当地人所称的“硝洞子”数量众多，包括朝阳洞、大兴洞（烟子洞）、妖精洞、老君洞、千人洞、牛角洞、高观洞、明月洞、犀牛洞、天雨洞等，洞深在几百米至五千余米不等。徐向东评价说：“其采硝时间之早、规模之大、产量之高，在迄今发现的古代火药原材料遗址中都位居榜首。”这些硝洞也是与火药有关的文物富集区，其中在最大的朝阳洞发现了元、明、清三代的陶器残片，大都为生活器皿；因熬硝和照明积存的烟尘，最厚处达13.5厘米；熬硝的灶台、硝池、下脚料到处都是。在相邻的大兴洞、高观洞，这类遗迹也随处可见。

经过考古专家对地层叠压关系考察分析，重华古硝洞遗址群起始开采时间可能在明朝初期，而在清乾隆年间（1736—1795）有两次大规模的开采活动，应与四川大、小金川战役有关。据清咸丰版《梓潼县志》记载："老君山朝阳洞，县西二百四十里，与江油县连界，山势高峻陡险，洞在中峰悬崖峭壁间。由江油旱炉坪结搭天梯，踏梯而下至洞，洞高八丈，宽六丈，深十五里，产硝，乾隆二十年开采，归江邑就近汇办。梓邑于重华场隘口安设兵

科考队考察老君山硝洞炼硝遗址

役巡查。”清道光版《龙安府志》载：“硝，出江油朝阳洞、大兴洞二处，每年煎付小河营（小河营是涪江源头与藏区接壤地带的边防重镇——编者注）应用。”这些记载表明，至少在清代早期，此区域的硝就由政府组织开采，并用于军事。在清代，热兵器已逐渐扮演重要角色。特别是大小金川“万山丛矗，中绕汹溪”“各处贼碉，须炮轰击者多”（《清高宗纯皇帝实录·卷三一七》）。因此，第二次金川之役，尽管清廷已调兵11万余人，却仍然又征调以大炮为主要装备的火器营、善于山地作战的健锐云梯营、擅长在高寒地区作战的吉森索伦兵共约6000人，赴川配合征剿。这场长达5年的战役，清军的火药消耗达210多万千克。当时清军所需的火药，基本上由重华老君山硝洞供给。而清政府在平定噶尔丹、川陕白莲教、贵州苗民、张格尔等战争中，也有可能使用过这里生产的硝料。老君山硝洞堪称清朝最大的火药库。

朝阳洞和大兴洞是老君山硝洞群中规模最大的洞。根据科考队员对朝阳洞的实地踏勘，该洞位于老君山主峰下的一悬崖峭壁处，海拔约1900米。进洞须从峰顶下行至一缓坡边缘，从崖边放绳梯至洞口，人附绳梯而下方可到达，十分险要。其洞口宽

老君山硝洞炼硝遗址中的硝矿石

老君山硝洞炼硝遗址中的灶台

老君山硝洞炼硝遗址中的引水渠

老君山硝洞炼硝遗址中的沉淀池

约七八十米，呈一个硕大的半圆形，远看如同架在绝壁上的一座大型桥拱，仅洞口空间便可容纳上百人。洞内宽阔处达100米，高50米，总面积约45万平方米。洞深约7500米，呈45度向下倾斜，有的地方超过70度。朝阳洞出口应在山下或山腰，经大规模开采后而封洞，早期集中于Ⅰ区至Ⅵ区，清代开采集中于Ⅶ区至Ⅸ区，并对早期开采过的废料进行再提炼。从地层叠压关系看，朝阳洞应经过三个时期的开采，其中一、二期应在清乾隆年间（1736—1795）以前。对该区域的认识，尚待进一步的调查、勘探。从保存的生产设施看，此区域的生产规模相当巨大，可以认为是古代中国最大、最重要的火药原料基地。

位于朝阳洞附近的大兴洞（烟子洞）经过清乾隆时期大规模开采后，其出口和入口也被乱石封死，此后政府没有再组织过采硝，但有邻近人士偶尔上山入朝阳洞和其他硝洞熬硝至20世纪50年代。现洞内制硝工艺及工作平台保存完好。

2006年5月25日，重华老君山古硝洞遗址群被国务院公布为第六批全国重点文物保护单位。

重华古法炼硝工艺

硝，俗称火硝、硝药，是制造黑火药的重要原料之一，“一硝二磺三木炭”是黑火药的配方口诀。受古代技术水平的限制，重华老君山古硝洞采用传统工艺炼硝：先砌土灶，在灶上支一口大锅。灶台边放置几口大缸，缸上担着几根木棍，木棍上放一个柳条筐，筐底垫上两三层细篾席，倒入硝土，再慢慢地给筐里的硝土浇水。硝土被水浸透了，硝水就慢慢地渗漏下来。待渗漏得差不多时，再淋一遍水，硝水又滴滴答答地渗下来。一筐硝土经过几次过滤后，再换一筐硝土，浇水渗漏过滤。等到大缸里盛满土黄色的硝水，就可以生火熬硝了。熬土硝就是将硝水加热，蒸发后产生硝石结晶。其过程是将灶火烧旺，待锅中的硝水滚开之后，再用小火慢慢地把硝水熬至浓稠状，使其持续蒸发，最后倒入硝池中冷却结晶，成为土硝后，再装入瓦盆贮存。

20世纪80年代初，重华镇还有人上老君山采矿炼硝，加硫黄、木炭配制火药出售。后来，运用现代技术生产的化工火药产量大大增加，而且成本低、效果好，替代了老火药，也就再也没人上山采矿炼硝了。

重华火药文化特产——“烟火架”

火药自中国道家在炼丹过程中被发现以来，清代以前，并没有大量应用到军事上，更多是用于制作烟花爆竹。在重华镇现存为数不多的老街中，有一条老街名为“火炮街”。当地人所说的“火炮”，就是指烟花爆竹。“火炮街”最初形成于何时，现已无法确切考证。据史料记载和当地人传说，从前的火炮街上住着16户专门制作火炮的人家，根据他们的姓氏，分别称为火炮申、火炮韩、火炮罗、火炮王、火炮李……后来发展成30多个世代相传的火炮世家。这些火炮制作世家的最大特点，是他们从采炼硝石、制造火药到做成“火炮”，从头到尾都由自己完成。自明清时期以来，这条街上专门从事生产和销售火药、火炮的商家多达三四百家。而来自广东、福建、陕西、江西等地的客商为收购、贩运火药、火炮而建立起来的会馆群，则使火炮街的繁荣兴旺达到鼎盛时期。随着火药制作工艺的改进，重华镇土法制作火药、火炮的生意逐渐衰落。但直到20世纪90年代，街上还有人家靠自制火药、做火炮为生。

江油重华古镇（贾金尧/摄）

重华镇最有特色的烟花爆竹产品是烟火架，又名“烟花架儿”或“焰火架”。它是集爆竹、礼花、戏剧人物造型等于一体的民间传统工艺品，主要用于寿诞、婚庆、道场、节日、庙会和重大庆典活动，以声、色、动感烘托氛围。因夜间燃放时悬挂于木架上，故名。烟火架兴于何时、何地，由何人创造，现已无从稽考。

烟火架的主体呈桶状，规格可大可小，一般直径60—85厘米，高50—75厘米。底部和顶部为竹编，里面一般分为6层、8层、9层、10层、12层，最多不超过13层。因用料多、工序多，成本高，旧时主要是大户人家为喜庆之事提前预订。如寿宴制“祝某某大寿”“福寿安宁”，结婚制“某某与某某喜结良缘”，开业制“开张大吉”，道场制“某某流芳百世”。里面人物可根据用户要求绑扎、黏合人物故事情节，也可由艺人根据主人用途而定内容。主要以“五女拜寿”“麻姑献寿”“八仙过海”“劈山救母”“二十四孝”“秋江”“李白醉酒”等传统故事中的人物为原型，用纸扎成宫灯，尾部吊一挂鞭炮。制作烟火架最大难点是密封火路，因它是链式结构，环环紧扣，秩序井然。如没有做好隔火环节，就会出现一团糟的现象。因此，在烟火架安装的过

非遗项目重华烟火架传承人制作烟火架

程中既要避免烟火引信纠缠、断裂，又要防止装错了层数，否则在燃放时便要露丑，以至于前功尽弃。

烟火架燃放时需要挂到6米高的固定木头架子上。点火也是烟火架的一个看点，由制作艺人专司其职。点火人站在距离架子不远处，点燃手中平握的一枚“神箭”，刹那间“神箭”带着火星嗖地飞出去，不偏不倚正中烟火架下面的一挂炮仗的引信，引燃4个大火炮和一串小鞭炮。然后，烟火架第一层底板就会自然脱落，坠下一个宫灯，宫灯底部的烟花马上呈飞碟般旋转喷发，煞是好看。而此时，宫灯内的焰火也跟着亮了，宫灯里的戏剧人物也随宫灯一起旋转舞蹈起来，动感强烈。“八仙人物”，第一层是铁拐李，第二层是张果老，第三层是吕洞宾……这样，8位神仙依次占8层。“飞碟”烟花喷发完后，又是4个大火炮和12个或24个小鞭炮，掉下第二层底板，又有一个新的飞碟状的旋转烟花和一个新的宫灯，宫灯内的人物又随焰火一起旋转舞蹈起来。如此反复，到最后一层是转转花，也称“天女散花”，有九莲灯（灯为绳索状，俗称为亮），9朵莲花状的焰火一齐喷发，红色、白色、绿色交相辉映，蔚为壮观。末了，最后一层宫灯会显现祝福字样，80支带着火花的“神箭”陆续直射夜空，或“飞老鼠”在60米的范围内上天入地地乱窜，惊险刺激。整个烟火架燃放过程持续半个小时，观者无不称奇。

重华烟火架表演

过去，燃放烟火架的风俗在重华乃至江油民间曾经十分盛行，是各地逢年过节、重大庆典的重要娱乐节目。然而，随着社会不断变迁与高科技发展，寻常百姓生活娱乐活动呈现多元化趋势，传统的烟火架逐渐被现代高空烟花所替代，加之城市禁放烟花、爆竹，导致如今制作烟火架的艺人越来越少。这项具有历史、文化和科学价值的民间传统工艺，现已处于濒危之势。2007年，重华烟火架制作技艺被列入首批四川省级非物质文化遗产项目保护名录。江油市重华镇人冯沛建，祖籍湖广孝感，7岁便开始跟堂祖父冯成方学习做火炮、烟火架，熟练掌握制作烟火架的工艺流程，现为重华烟火架的传承人。

为了弘扬延续数百年的传统火药文化，重华镇每年都要举办以火药文化为主题的民俗文化节，而燃放烟火架则是节庆上必不可少的重要环节。这项古老的民间工艺继续为人们的生活增光添彩，也得到越来越多的老百姓的喜爱，必将会一代一代传承下去。

（谢小东　郭徽　王飞）

注：本文未署名图片由江油市地方志办公室、江油市文化馆提供。

三台抗战故事

东北大学在三台办学八年纪念雕塑

抗日战争时期，地处中国西南腹地的川北小城三台，在面临日本侵略军的威胁、甚至两次被日本侵略军飞机直接轰炸的危局之下，毅然担负起全民抗战后方的重任：接纳了第一所抗战流亡大学——东北大学，修建刘营飞机场、飞机防空洞等重要的抗战军事设施，修建保障后方粮食生产的“中华抗战第一堰”——郑泽堰，开展了影响全国的“知识青年从军运动”……同时，三台还为前线输送了大批英勇的抗日勇士，仅记录在档的就有近千名士兵为国捐躯。三台这座英雄的抗战之城，为民族解放和反法西斯战争胜利所作出的牺牲与贡献将会被历史永远铭记。

接收东北大学内迁三台

始建于1923年4月的东北大学，在20世纪30年代初已经发展成为国内知名的一流大学。1931年“九一八”事变爆发，东北大学校园被日本侵略军侵占，师生被迫先后流亡北平、开封、西安等地，其间被国民政府接管并改名为东北大学。1937年底，日本侵略军进逼潼关，西安震动，国民政府有人主张停办、解散东北大学，或将其迁到青海。时任校长臧启芳不忍断送学校前程，安排教务长李光忠带着其亲笔公函，到四川各地接洽，寻找新的办学地点。据史料记载，抗日战争期间，四川先后接纳了48所内迁高校异地复课，占战前中国108所高校的44%，当时的压力可想而知。东北大学内迁的请求因此屡屡遭到婉拒。当李光忠一行辗转来到三台县时，三台刚刚遭受百年不遇的严重旱灾和接踵而至的洪灾，正在闹饥荒。李光忠见状，心也凉了半截，只得抱着试一试的心理，去见了时任三台县县长郑献徵。出乎李光忠的意料，郑献徵看了臧启芳的亲笔公函后，当即拍板表示欢迎东北大学迁到三台。郑献徵后来在日记里记录了他接纳东北大学时的想法："当时三台虽然因为天灾缺吃少穿，但中国的未来需要大学生，所以三台人民愿意勒紧裤腰带，多添几百张嘴吃饭，这既是为了积蓄抗日的力量，也能为三台播下文化的种子。"

1938年春，东北大学500多名师生徒步从西安出发，经宝鸡、汉中、剑阁、绵阳，历经艰辛，终于在当年4月抵达三台。三台县举行了有3000多名各界群众参加的盛大的欢迎大会，城里许多商家店铺也挂出彩旗横幅，欢迎师生们的到来。东北大学借用县里腾出的三台旧试院与杜甫草堂寺及潼属联立高中的部分房舍作为校舍，于当年5月10日正式复课。

1938年东北大学内迁三台办学，图为当时的校门

三台县原东北大学校舍

在三台县扎根下来后，东北大学励精图治、浴火重生。从办学之初的两院五系（即文理学院，设中国文学系、地理系和化学系；法学院，设政治系和经济系），陆续恢复和扩充，先后增设了外文系、数学系、物理系、工商管理系、法律系等。到抗战胜利时，建制为五院十二系，学生达700多人，成为一所学科相对完整的大学。学校还吸引了蒙文通、高亨、陆侃如、冯沅君、赵纪彬、萧一山、董每戡、姜亮夫、金毓黻、丁山、叶丁易、陆茂德、杨向奎、杨荣国、姚雪垠等名师到校任教，在特殊年代为国家培养和输送了大批人才。

在中共地下党组织的领导和影响下，东北大学师生一面积极传播进步思想和先进文化，一面大力宣传中共抗日主张，开展了轰轰烈烈的抗日救亡运动。据记载，学校先后建立进步组织和社团80个，包括共产党领导的读书会、民主青年社等进步组织，以及团结在党周围的各种壁报团体、学术团体、剧团等。因为师生的不懈努力，三台人民的爱国热情被点燃，教授送子参军、学生投笔从戎一度蔚然成风。

在三台中学校史馆，藏有两份珍贵的历史文物：一是东北大学教授萧一山送子参加远征军的嘉奖令，这是当年知识青年从军报国的一个缩影；二是东北大学师生和三台人民开展“一元献机运动”，为抗日前线购买了一架半战斗机的情况报告及捐款收据。虽然地处后方，在饥荒连年、战火频仍的年代，东北大学师生和三台人民依然慷慨解囊，共赴国难，展现出天下兴亡、匹夫有责的爱国情怀，成为中华民族伟大抗战精神的鲜活例证。

抗战胜利后，东北大学于1946年迁回沈阳，留川师生在原址创建了川北农工学院，经多次搬迁、合并，于1952年在南充市组建了四川师范学院。1956年，学院一分为二。其中，本科专业迁到成都，发

四川师范大学、西华师范大学建校七十周年纪念雕塑——根·源

展成为今天的四川师范大学；专科专业留在南充，改名为南充师范专科学校，后来发展成为西华师范大学。从这个意义上讲，三台不仅是东北大学的经停站，也是四川师范大学、西华师范大学的发源地。如今，四川师范大学的校歌歌词“白山黑水，源远流长，狮山灵秀，哺育栋梁”，正是这一特定历史的记载。

东北大学和三台县在抗战时期结下的深厚情谊，历经八十载岁月，至今不衰。从2013年开始，东北大学每年都会派遣一个研究生支教团到三台县中小学支教。志愿者都是品学兼优的研究生，他们政治思想好、专业能力强，深受当地教育主管部门和师生的好评。而承载着东北大学厚重历史和优良传统的三台中学，特别是初心广场和校史馆，连同正在修复的“东大园”，也已经成为全县中小学生开展革命传统教育、爱国主义教育的重要基地。

修建刘营飞机场和飞机防空洞

1935年春，国民党军政当局侦查到日本侵略者有发动大规模侵华战争的企图，决定“于川中各地，凡紧要市镇，布置飞机场所，以备不虞”。三台县南距重庆330千米、西距成都153千米（当时距离），人口稠密，商贸繁荣，军事战略位置十分重要。1936年冬，随着日本侵略军侵华战事紧张，四川省防空司令部选址三台县城北刘家营石鼓坝（今刘营镇机坪村），征地542亩修建军用机场。1937年3月，基本完成了机场修建，机场长1200米、宽320米，总面积38.4万平方米 。1938年12月又陆续修建机库、推机道。1939年，机场竣工。机场建成不久，日机开始深入中国西南各地狂轰滥炸，中国战机也开始在刘营机场频繁起降，最多的时候，机场停机达7架。为保障战事需要，又在叶家祠、文家庙修建了2座汽油库，在观音寺设置了无线电台，作为国民党空军53站飞机加油基地，机场里数辆十轮卡车为降落飞机加送汽油。

1940年7月，日本侵略军飞机轰炸三台县城，给三台人民造成空前浩劫。为最大限度保护机场内飞机的安全，省防空司令部决定修建刘营机场二期工程——飞机防空洞。防空洞选址石垭子山麓，拟修建10个，每个隧洞可隐蔽一架飞机。1941年，工程正式动工。隧洞由人工和简单的机械开凿，符合规格后，用桐油煮过的木料架设成弧形的拱，最后再涂上一层水泥，使隐蔽的飞机既安全又不受潮。

刘营飞机防空洞遗址

但这次工程量相当艰巨，工程进展缓慢，直到1945年抗战结束，隧洞都未全面竣工。

刘营机场建设工程，前后历时9年，动用民工10余万人次，建设费用约1700万元（法币）。整个工程建设异常艰苦，几乎全靠人力施工。民工用锄头、扁担、錾子等简陋的工具开山凿石，吃的是糙米饭，住的是简陋工棚，有时忍饥挨饿，昼夜施工，有的因工伤残或劳累过度死亡。尽管环境恶劣、条件艰苦，但广大民工仍积极施工，最大限度地保证了国防工程建设，展现出誓死不当亡国奴，万众一心、血战到底的抗战精神。

修建“中华抗战第一堰”——郑泽堰

全面抗战爆发后，国民政府制定和实施了一系列发展四川战时经济的政策和措施，并在《抗战建国纲领》中提出以“全力发展农业经济，奖励合作，调剂粮食，并开垦荒地，疏通水利”为中心工作。省建设厅成立“四川省农田水利贷款委员会”，兴办水利。1937年，国民政府确定三台县为抗战粮棉战略重点县。依据国民政府的一系列措施，三台县致力恢复和发展农业，以解决战争物资需要和因内迁人口骤然增长而带来的生产生活问题。为保障农业生产，桃子园坝（新德乡）、李村坝（里程乡）、太古（尊胜乡）三坝士绅联名向县政府呈书申请修建桃、李、太三坝灌溉工程。县长郑献徵责成第四科查勘，并呈报省政府及省贷款委员会，工程得到批准。因原工程设计方案耗资太大，经重勘设计，改为与永成堰合沟引水，整治上堰，新开下堰，两渠总长46.64千米，总灌面可达4.52万亩。1937年10月，经与永成堰管委会协商后，郑献徵在尊胜寺主持召开代表会议，签署合沟引水协议，成立“三台县桃、李、太三坝灌溉工程协会”，并于

主持修建郑泽堰的三台县县长郑献徵

1938 年元旦正式开工。1939 年 4 月 6 日，永成堰整治工程和新建的长 23.72 千米的下堰全部竣工，共用工程费 50.63 万元（法币），其中贷款资金 47 万元，其余部分有 4 万元是郑献徵变卖老家房产凑齐的。在物资、设备极为匮乏的抗战期间，近 2 万名民工日以继夜、肩

1937 年冬至 1938 年春参加永和堰（郑泽堰）建设的三台灌区民工

扛手凿，仅用14个月便建成这条新堰。这是抗战时期完成的第一个大型农村水利建设项目，也是三台人民顽强抗战精神的缩影。

乡民为颂扬县长郑献徵修堰有功，取名“郑泽堰”。郑泽堰的建

抗战时期建成的永和堰（郑泽堰）劈山渠

“中华抗战第一堰”题词碑（冉进财/摄）

成，让灌溉区的旱地改成了水田，粮食大大增产。1951年10月，三台县人民政府将永成堰、郑泽堰两堰贯通合一，取永远和睦用水之意，将其命名为“永和堰”。2014年7月，中国国民党荣誉主席连战为其题写了“中华抗战第一堰”条幅。

抗战期间，三台还修建了大围堰、民力堰等引水工程。这些水利工程的建设，促进了三台农业生产发展，保障了全县粮食生产总体稳定增长。在全面抗战前的1936年，三台县粮食总产2.64亿斤。到1945年，粮食总产达到4.64亿斤，净增近2亿斤，成为川渝大后方抗日救亡的大粮仓。

日机轰炸三台

1938年12月，随着国民政府迁都重庆，四川作为抗战的大后方，迅速成为抗战的政治、军事、经济、文化和对外交往中心。在转入全面抗战后，三台县被国民政府确定为重要的后方粮棉生产基地。又因其人口稠密、商贸繁荣，又有军事设施，三台县逐步成了日本侵略军实施“101作战令”计划、企图摧毁中国抗战后方基地的一个打击目标。

1940年7月10日9时43分，27架日本侵略军飞机由南向西飞至黔江，10时50分到达铜梁。11时8分，到达乐至，继续向西北方向飞行。11时32分，由中江方向飞入三台县城上空，高度5000米。盘旋一圈后，沿潼绵公路向西飞行。3分钟后，突然掉转机头，直逼三台县城。在距县城五里正西方向上空，将机群编成“一”字形。11时35分，行至县城西郊东岳庙上空，开始投掷燃烧弹和炸弹，由北向东斜行轰炸 。顷刻间，呼啸的炸弹从天而降，震耳欲聋的爆炸声在城内响成一片，火光和尘土冲天而起，县城顿时陷入烈焰浓烟之中。敌机在投弹过程

1940年敌机轰炸三台县城后，小学巷街居民陈莹璋在被炸房屋前

中，还时而俯冲用机枪扫射。敌机行至涪江左岸东山寺山顶上，才停止投弹。12时52分，敌机飞出川境。此次轰炸共投弹103枚，县城被炸57处，被炸面积达3平方千米。城镇居民损失重大，500余户民房被炸，炸死89人，轻重伤127人。轰炸后，炸弹形成的漏斗形弹坑达52处，最小坑面直径3.3米、深1.7米，最大的坑面直径达16.7米、深8.3米。7月10日，被三台人民称为“灰日之灾”。

1941年7月27日，日本侵略军飞机第二次轰炸三台。12时15分，27架日本侵略军飞机从成都方向飞至三台县城上空轰炸。轰炸持续10多分钟，共投弹22枚（未爆2枚），并用机枪扫射。炸死平民10人、炸伤平民29人。此次轰炸，使县城那些还没完全修缮好的民房再次遭到破坏，共炸毁民房168间，受灾平民208人。

日本侵略军的暴虐轰炸并未摧垮三台军民的抗战意志，并未动摇人民的抗战决心，反而激起全县人民民族意识的高度觉醒。在日机第一次轰炸三台的1940年，全县从军6655人，成为十四年抗战中出征壮丁人数最多的一年。1941年，日机再次轰炸三台，又有3412人奔赴抗日前线。1940年10月，全县征调8500名民工到双流县修建飞机场。1941年，动用民夫万余人修建刘营机场二期工程飞机防空洞。三台县虽偏处一隅，赴义却不甘后人，这也是三台人民众志成城、誓做后盾的一个缩影。正因有此广泛深厚的群众基础，当“青年远征军”征集活动在三台一经动员，便得到广大群众和知识青年的认同和纷纷响应，知识青年从军运动在三台县如火如荼地开展起来。

发源于三台的“知识青年从军运动”

1942年5月，缅甸作战失利，中国远征军伤亡惨重，6万名壮士长眠异国他乡，日本侵略军占领整个缅甸并侵入滇西，切断了中国南方重要运输线——滇缅公路，阻断了远征军退路。为了满足中美英盟军从印度和中国的云南出兵夹攻日军、全面收复缅甸的需要，同时也为了弥补国军兵源不足的状况，改善兵源质量，迅速提高军队战斗力，国民党中央执委会决定开展知识青年从军运动，广泛动员学生参军。并成立“全国知识青年志愿从军指挥委员会”，开始指导全国知识青年从军工作。

1943年3月，国民政府立法院公布新的兵役法，扩大征兵范围，鼓励青年学生参军，规定学生服役期间保留学籍。11月，四川省军管区在接到军政部要求各县市选送300名知识青年补充驻印军的命令后，随即派参谋长徐思平出巡川北各师管区宣传和督导。11月14日，徐思平抵达三台，与潼（川）蓬（溪）师管区（司令部驻三台县城）副司令李华骏商定，拟向内迁三台的东北大学学生作一次从军动员报告，以作试探。11月15日早晨，徐思平出席东北大学举行的“总理纪念周”，在会上发表题为《学生于民族存亡应有之认识与责任》的演讲，令全体师生群情激奋，当场就有25名男生和4名女生请缨杀敌，报名从军。11月15日19时，徐思平应邀再到东北大学作《我的人生观》宣讲，除东北大学师生外，国立十八中学、省立潼川中学、三台县立中学和各机关法团共2800余人冒着滂沱大雨听讲，直至22时而不散。11月16日，徐思平又到国立十八中发表题为《现代学生对兵役之责任》的讲演。截至11月20日，志愿报名从军的知识青年达到304人，并有十八中的东北籍女生林霖等30余人要求应征入伍。随着征募远征军的宣传不断扩大，消息传到县内农村各校后，远离县城的县高二中、象山农业职业学校、千子乡立中学的学生，于11月21日后陆续进城报名参军。县卫生院不分昼夜，随到随检。截至12月7日，参加体检的大中学校师生共631名，经体检合格录取213名，还录取自愿壮丁87名，共计300名。三台学生从军热潮方兴未艾，1944年4月，又有千余名学生报名从军，经体检合格征收大中学生200名。在重庆璧山受训后，三台青年远征军被打造成美械装备的铁军，参加了缅北大反攻，为会师芒友、打通中印公路，夺取抗日战争的最后胜利作出了贡献。

1945年1月，三台县立初级中学知识青年从军照片

1945年1月，三台县知识青年军在壁山入营纪念照片

由四川省军管区组织的知识青年从军运动在三台县首先告捷，得到重庆国民政府高层高度重视，随即开展声势浩大的宣传，推动知识青年从军运动迅速波及全川。1944年秋，形成了国统区“十万青年从军运动”热潮，三台县由此被称为知识青年从军运动的发源地。

（尹春山 邹君 郭徽）

注：本文未署名图片由三台县地方志办公室提供。

梓潼两弹城的故事

梓潼两弹城精英门（郭平/摄于2013年4月）

梓潼两弹城是原第二机械工业部第九研究设计院（简称“二机部九院”，后更名为“中国工程物理研究院”）院部旧址，建于20世纪60年代后期，核心区占地300余亩，建筑面积20万平方米，是继青海之后中国第二个核武器研制基地的总部。1969年院部机关从青海搬迁到梓潼，1992年从梓潼迁至绵阳科学城。在梓潼的23年中，院部先后组织完成29次核试验的实施、原子弹和氢弹的武器化与定型以及新一代武器研制攻关等重大国防科研项目。“两弹一星功勋奖章”获得者于敏、王淦昌、邓稼先、朱光亚、陈能宽、程开甲等杰出科学家，都曾长期在这里工作和生活。至今，梓潼两弹城仍完整保存着大礼堂、办公楼、档案馆、模型厅、情报中心、邓

梓潼两弹城的邓稼先旧居（丁勇/摄）

稼先旧居、将军楼等167栋20世纪60年代的建筑物及防空洞、国魂碑林等众多纪念实物，在第三次全国文物普查中，被列入“全国100大文物新发现”。

20世纪60年代中期，国际局势日趋紧张，新中国腹背受敌，中共中央为加强战备，逐步改变国防、科技、工业和交通建设布局，进行了一次建设重心由东向西转移的战略大调整，史称“三线建设”。三线地区位于中国腹地，在战备的特定形势下，是较理想的战略后方。梓潼两弹城正是在这一背景下应运而生的。

中央决策核武器研制基地内迁四川山区

1963年3月，原由苏联指导选址的青海海晏221基地具备了科研、生产、生活的基本条件，集中在北京的科研人员陆续迁往221基地，开始中国第一颗原子弹技术攻关的草原大会战。为阻止中国核武器研制，苏联扬言要对中国核基地进行“外科手术式”的打击。美国于1964年4月制定绝密报告——《针对共产党中国核设施进行直接行动的基础》。为了安全和保密，中央要求核基地转移进山沟。1964年3月，二机部召开九院选址工作会议，确定选址原则：从战略考虑，建厂必须在四川、贵州两省考虑，坚持“靠山、分散、隐蔽”的方针，重要工程进洞，利于保密；少占农田，利用当地的水源、电源和交通等基础设施，生活区小城镇化。不久又明确，二机部系统均在四川范围选址。1965年5月10日，经中央专委批准，二机部第九研究设计院（简称“九院”，对外名称是“国营曙光机械公司”）三线工程（代号“902工程”，又叫“902基地”）布置在梓潼、剑阁、安县一带。按照工程设计任务书规划，902基地共14个点位，由11个科研所以及梓潼院部、汽修厂（交运处）和器材库3个点组成。同时，中央又将涉及航空航天的中国空气动力研究与发展中心（代号“827基地”）、中国燃气涡轮研究院（又名中国航空研究院624所）、西南计算机中心等布置在902基地周围。1970年再将卫星发射中心建在西昌。

梓潼成为“902工程”的指挥中心

1963年冬天，九院以国家计委名义选址。第一站到重庆，后来去贵州，在当时的川黔两省71个县进行初步考察。关于选址，中央有许多要求，如尽

梓潼两弹城全貌（丁勇/摄）

量不要受到战争打击、要离铁路线有一定距离等。最后综合考虑认为，梓潼无论是从地理位置、地形、地貌、地质水文，还是从自然人文环境、道路交通、气候特点等各个方面来说，都很符合“三线建设”靠山、分散、隐蔽布点等要求，是理想的建设环境。因此，决定把九院机关放在梓潼县，各个所以梓潼为中心来建设。九院总部定点于梓潼，院总部机关及医疗、后勤保障设施设于县城近郊的长卿山山麓白家湾，总部下属的五所、十所等研究所分布于梓潼的交泰、玛瑙等乡镇，共计占地5000多亩。1965年6月下旬，221九院党委书记兼院长李觉将军和副院长吴际霖，以及“902工程”指挥部的刁筠寿（工委书记兼指挥长）、袁冠卿、苗兆瑞、徐庆宝、田子钦和李英杰等众领导来到梓潼，在前期选址基础上选点安家，李觉和刁筠寿还亲自到交泰、玛瑙等地进行现场选址勘察。1965年9月中旬，在梓潼县委大院对面的电影院礼堂，“902工程”指挥部召开了进驻梓潼后的第一次全体干部大会。

梓潼人民积极支持“902工程”

自从“三线建设”在梓潼境内布点以来，作为革命老区的梓潼人民像当年迎接中国工农红军一样，热烈欢迎“三线建设”大军和九院人的到来。支援“三线建设”成为梓潼县委、县政府和全县人民的光荣任务。1965年1月，梓潼县成立“三线建设支援重点工业建设办公室”（简称“支重办”），配备干部专司其职，保证建设需要；并先后从行政、商业服务、供销等单位抽调1200人到九院从事服务工作，还在公社、生产队组织劳动力参加工程建设。从勘测设计开始，梓潼人民腾房屋、让土地、种蔬菜、筛砂石、烧砖瓦、打石头、修桥铺路、安全保卫、联防护厂等，从各个方面竭尽全力支援三线建设。九院刚来时，梓潼遵照时任中共中央政治局委员、西南局第一书记李井泉指示，把县委办公大楼、县委党校、县委招待所、县粮食局机关全部让给院部先遣人员办公、住宿，安排他们的子女全部就近就读于梓潼县内中小学。

艰苦奋斗齐心协力建成902基地

根据中央专委通知精神，国家建委于1965年7月组织专门小组，召集铁道部、水电部、邮电部、交通部、建工部、工程兵司令部等部门，就二机部三线建设任务分工、协调、工程进度与现场管理等问题同有关部门进行磋商，并当即成立现场党委和指挥部，统一领导现场的基本建设工作。1965年9

大礼堂（郭徽/摄）

将军楼（杨茂林/摄）

月中旬，“902工程”正式开工。为便于集中办公，“902工程”指挥部领导决定以梓潼县城外南桥边排灌站的十几间房子为基础，自己动手盖“干打垒”房子，扩建为指挥部所在地。刁筠寿和苗兆瑞、徐庆宝、田子钦、李英杰等指挥部领导亲自参加劳动，机关各处室干部职工全都积极参加，挖地基、垒砖柱、抹墙泥、架屋梁、盖房子。“902工程”指挥部在梓潼安家后，由二机部统一领导和协调，包括二机部23公司、24公司和西北二公司，还有工程兵8342部队等2万多人马的各路建设大军，陆续开进梓潼、安县、剑阁等县的山沟。物资部陈新平回忆说，“902工程”基建时期，没有一分钱补贴，也没有一分钱奖金，他们常常是“8小时以内拼命干，8小时以外作贡献”，一些人还因抢险留下终身残疾，有的甚至献出生命。凭借上下齐心、内外协作，1969年，三线建设国家重点工程——902基地初步建成。1969年9月起，九院科研生产陆续内迁到902基地；12月底，九院院部从221基地迁至梓潼县长卿山白家湾。1974年末，902基地基本建成，九院梓潼基地各类建筑面积90万平方米。“902工程”副指挥长李英杰回忆说，在建设过程中由于科学技术的发展、核武器研制任务的需要，国家计委、国防科委和二机部先后对该工程补充了8次设

防空洞（郭徽/摄）

地下图书馆（邱智强/摄）

计任务书，投资和建筑面积较原先批准的设计任务书都有增加。据梓潼县相关资料记载，截至1985年，九院梓潼基地各类建筑面积约230万平方米，新修厂区公路314千米、建通信线路534千米，输送3.5万伏高压线，境内建变电站4个，涉及数十个学科专业，形成科研实验设计生产体系。

902基地铸就中国核武器事业承上启下的里程碑

二机部九院（1985年改名为“中国工程物理研究院”，简称“中物院”）院部机关与部分研究所迁建梓潼，使梓潼成为中国原子弹、氢弹研发新基地总部，成为中国核武器科技事业发展第二阶段的科研基地和第二个核研制基地的指挥和决策中心。1969—1992年，902基地院部机关完成中国全部45次核试验中22次核试验的组织指挥工作。在中物院获得的6个国家科技进步特等奖中，梓潼时期占3个。邓稼先等科学家同技术精英们一起，在用自己的热血和忠诚构筑惊世辉煌物质丰碑的同时，也铸就了催人奋进、光照后人的精神丰碑，形成“铸国防基石，做民族脊梁”的核心价值观。

但在那个时期，梓潼没人知道这个叫作“国营曙光机械公司”、又叫“九院”的单位生产的是什

两弹历程馆还原展示邓稼先等科学家的工作场景（郭徽/摄）

两弹历程馆展出的中国第一颗原子弹和氢弹模型（杨茂林/摄）

么机械，只知道这些人来到梓潼后，潼江上游和绵阳城区涪江各建起一座东方红大桥，潼江、涪江两岸变得车水马龙，东方红水库和天化厂、丝绸厂、麻纺厂等工厂也投入使用或开工生产。

“839工程”定位绵阳核武器基地再次创业

20世纪80年代，随着中美正式建交、中苏关系缓解，和平与发展成为世界主题，中国三线建设进入调整期。1983年5月，国务委员兼国防部部长、中央军委副秘书长张爱萍深入902基地视察。这是他从1961年参与组织领导核武器研制和试验工作，时隔22年后再次亲临核武器研制基地。

902基地是一个“羊拉屎”分散布局工程，如何解决科研人员正常生活保障难、职工及其家属外出就医难、子女接受正规教育难等问题，张爱萍在考察902基地时登上长卿山，放眼前后，环顾左右，畅谈自己的设想：把院部机关及10个研究所都陆续搬出山沟，集中在绵阳市郊，以解决零星分散和交通不便问题，有利于集中建设、集中管理和集中发展；院内各项建筑要顺应山麓高低起伏的自然地形而建，把人文景观和自然景观有机结合起来，建成中国式的硅谷城。国家计委和国防科工委根据张爱萍的建议，向国务院和中央军委呈报《关于核工业部九院建设布局问题的请示报告》，并于当年9月6日获得批准，定名“839工程”。“839工程”在党中央、国务院、中央军委和四川省及绵阳市人民政府的支持下，由国防科工委和核工业部直接领导，九院院长邓稼先在1985年6月提出要继续艰苦奋斗、二次创业，九院全体人员经过8年艰苦卓绝奋斗，终于在1991年建成占地52平方千米、建筑面积150万平方米的绵阳科学城。

902基地总部机关成为“两弹城”

1991年，以涪江之畔绵山为主体的绵阳科学城基本建成后，902基地的科研所陆续迁入绵阳科学城（839基地）。1992年底，中物院院部机关、四川省人民政府科学城办事处等从梓潼县迁入绵阳科学城。1998年6月，中物院同梓潼县人民政府签订闲置资产移交原则协议，将原运输部、十所、五所、曙光工学院等9个单位闲置资产交给梓潼县，2002年又陆续移交原院部机关、物资部等单位闲置资产。902基地梓潼部分完成国家历史使命，开始进入大众视野。《梓潼年鉴（2019）》就“两弹城”释名：“两弹城，位于梓潼县长卿山麓白家湾，是原九院院部所在地，即今中国工程物理研究院（简称“中物院”）院部机关旧址。中物院，是中国唯一的核武器研制生产单位，因成功研制原子弹、氢弹等核武器而举世瞩目。”“国庆50周年前夕，23位‘两弹一星功勋奖章’获得者授勋时，当地的人们才恍然大悟，哦，原来叫九院的这个地方，是‘两弹一星’精神的摇篮，是邓稼先、于敏、王淦昌这群人将原子弹、氢弹武器化与定型，并成功研制新一代武器的地方，是一个承载国家使命而值得骄傲的地方。”“在九院揭去神秘的面纱后，当地有识之士重新审视老院部，发现这个建于‘三线建设’时期，与长卿山融为一体，其结构与功能犹如山上的元武寨的院部，完全是一个城堡，特别是它为中国原子弹、氢弹武器化作出过突出贡献，便将其称为‘两弹城’。由此约定俗成，‘两弹城’就成了九院老院部的‘大名’。”

梓潼两弹城成为红色经典景区

2013年，在九院迁走20年后，梓潼县以院部机关旧址为中心，投资约5亿元，组织由绵阳两弹一星文化发展有限公司、绵阳两弹城旅游开发有限公司、中物院相关企业等共同打造“两弹城景区”，并于2014年10月中华人民共和国成立65周年之际，在央视新闻频道正式亮相。两弹城景区利用现存的历史建筑，建成两弹历程馆、邓稼先纪念馆、王淦昌纪念馆、三防教育馆等展览纪念场馆。2016年12月，两弹城景区被国家发展改革委、中央宣传部、国家旅游局等14个部委公布为“全国红色旅游经典景区”。2019年10月，两弹城作为三线核武器研制基地旧址被列为第八批全国重点文物保护单位，成为深度体验“两弹一星”精神的重要载体。2020年1月21日，四川两弹一星干部学院（四川两弹一星精神研究院）在梓潼两弹城举行挂牌仪式。同年5月，梓潼两弹城被评为国家AAAA级旅游景区。截至2022年，占地面积200亩、建筑面积4.8万平方米的中小学生研学营地、四川两弹一星干部学院新校区已竣工；三线建设博物馆、航天科技馆、张爱萍诗书陈列馆等项目即将建成投入使用。

梓潼两弹城上承青海原子城（221基地），下启绵阳科学城（839基地），见证了中国国防科技发展史那段激动人心的峥嵘岁月，也将让伟大的“两弹一星”精神在新时代中国不断传承和弘扬。

（刘　文）

盐亭字库塔文化故事

盐亭县云溪镇笔塔

字库塔，也称字库、惜字宫、焚字炉、敬字亭等，是古时人们焚烧字纸的塔形建筑。古人认为文字神圣而崇高，写有文字的纸张不能随意丢弃，哪怕废纸也需洗净焚化，字库塔随之产生。字库塔的出现，体现了人们对文字的敬重、对文化的敬仰。

中国很多地方都有字库塔，据统计，全国现存字库塔共252座，主要分布在南方诸省，其中尤以四川最多，达196座。而盐亭县现存字库塔32座，是全国字库塔最多的县，被誉为“中国字库塔第一县”。盐亭字库塔建造数量之多、形制之精美，是当地崇尚文化、尊师重教风气的集中体现。在盐亭，历代除县学、乡学外，县域内还有很多书院、学堂，如李白读书的青莲书院、文同读书的太元书院、任伯传读书的东台（东亭）书院等。据清光绪末年成书的《四川潼川府盐亭县乡土志》记载，清末盐亭已开办初等小学堂百余处。盐亭民众文化素质普遍较高，历代进士多达30余人，文化名人辈出，如赵蕤、严震、李义府、文同、任伯传、陈书、蒙文通等。盐亭民间则流传有“惜衣得衣穿，惜字眼不瞎”“只字必惜，贵之根也；粒米必争，富之源也”等谚语。

字库塔文化的由来

字库塔文化的由来与先人对文字的敬畏相关，最早源于仓颉造字的传说。相传，黄帝史官仓颉造出文字时，“天雨粟，鬼夜哭”“龙乃潜渊”，这种惊天动地的奇观，寓意文字在人类文明传承与发展过程中发挥了重要的作用。在纸张发明与大量制造之前，人们不会轻易抛弃书写文字的丝帛与竹简。即便宋代印刷术出现，书籍纸张逐渐普及，文人们依旧不会随意处理字纸，甚至把这份对字纸的敬仰与爱惜实体化。民间遵从“万般皆下品，唯有读书高”“学而优则仕”的古训，认为文字神圣而崇高，字纸不应该随意丢弃，哪怕是废纸，只要写着文字，丢弃时也应该焚化。传统文化中“敬天惜字”的独特习俗逐渐形成——焚烧字纸就变得非常郑重，不但有专门的礼仪，还应该有专门的场所和设施，于是就产生了不惜财力修建起来的字库塔。

据史料记载，字库塔始建于宋代，到明清时期已经相当普及了。字库塔通常修建在场镇街口、书院宗祠、寺庙道观附近。清人余治编纂的《得一录》就说“字炉宜制造净院祠宇为上，书馆次之”。

也有名门乡绅大户建在自家院里或家族宗祠旁，还有乡人集资共同修建在群山之中，或是绿水之侧，也兼有风水塔的角色，充当地标。

字库塔外形各异，有高有低，有石塔也有砖塔。字库塔的形式大致分为三类，即密檐式字库塔、阁楼式字库塔、单层式字库塔。从外观来看，字库塔又具有不同风格与造型，大多采用六角柱体或八柱体，也有的建成简朴的四柱体。塔身通常有一小孔，或方形，或圆形，或呈倒“U”形，需要焚烧的字纸便从这里投入，烟则从塔顶的出烟口飘出来。塔顶及塔身装饰风格各异：有的非常简朴，几

莲池寺字库塔

毛罐寺字库塔

文风塔

玉龙字库塔

乎不做修饰；有的则雕梁画栋，极其精美。塔龛中多供奉仓颉、文昌、孔圣等神位，并配以相应的楹联、吉祥图案等。

旧时盐亭民间流传的“惜字”风俗

古人认为，凡写有文字的纸张都是神圣而崇高的，不应随意丢弃。因此，古时盐亭人家里大多都有“惜字篼”，废弃字纸都要集中存放在里面。每个学堂都有用于收集字纸的精美竹筐，有的竹筐上还有能工巧匠精心编制的“惜字如金”文字，储存字纸的门前还设有写着“闲人止步”的“看门将军”。此外，民间还自发成立了“惜字会”和“化字队伍”。惜字会雇人在街头巷尾、学校周围等捡拾废纸。化字队伍在每年正月初二至正月十五挑着“惜字担”挨家挨户“化字纸”。每到一户人家门口，都会念一段顺口溜：“文昌夫子第一仙，丹青水秀出大贤。有字来把字来化，无字结个大善缘。”然后抱拳施礼朗声说：“主人家，恭喜发财，有字纸没有？有字纸请拿来我挑去字库化了，积个阴功；没有字纸结个善缘，给个铜板……”没字纸的人家往往会给化字人舀碗米或给两个铜板。收回的废纸或磨损残破的经史子集都要先存放于惜字会内或供奉在字库塔中，被污染的字纸还会用加了香末的水清洗后晾晒。清洗的水不能随意泼洒，要用筛子过滤，以防漏掉剩纸。所有收集的字纸都要送往字库塔集中焚化。焚化字纸，要由精通阴阳八卦的人选择黄道吉日，由德高望重的人精心司仪，由才高八斗的先生诵读焚字铭文。每到焚化字纸之日，十乡九寺的人都会前往观瞻，甚是热闹。字纸焚烧后的灰烬，要用木勺掏入陶瓮中。待装满纸灰的陶瓮达到一定数量后，再以船送入江心淹于水中，称为“送圣迹”。

独具特色的盐亭字库塔

盐亭县现存的字库塔分布在云溪、巨龙、九龙、西陵、永泰、玉龙、黄甸、岐伯、大兴、富驿、金孔、高渠、嫘祖、莲花湖、鹅溪等15个乡镇。

这些字库塔大多造型精美、保存完好，在造型上呈现多样化，或朴实无华，或精巧俊秀，或威武古拙，堪称中国字库塔的典范。字库塔仿照佛塔建造，但不能登临，有密檐式、楼阁式和单层三种形制。层数不像佛塔那样一定是三层、五层等奇数，也有四层、六层等偶数。盐亭字库塔多为民间建筑，建造精心、文化内涵丰富。工匠在模仿佛塔建造的基础上，加入了更多的细节和内容，比如细腻的人物花草雕刻，仓颉、孔子、文昌等塑像，更有内涵丰富的楹联和惜字崇文箴言，还有以“二十四孝”图案为代表的体现“仁义礼智信忠孝廉耻”儒家文化精髓的精美雕刻等。经济越是富庶的地方，字库塔的造型越是精美。

在盐亭，每一座字库塔都有自己的故事，有的故事湮灭在历史的长河中，有的故事则在人们的口口相传中得以流传。这里择其中几座具有代表性的

笔塔（邱平邦/摄于2006年）

字库塔介绍如下：

笔塔　堪称盐亭县城的地标性建筑。位于盐亭旧城西门外宝台观，现嫘祖文化广场。建于清道光十四年（1834），为重檐歇山式楼阁塔，七层六面，高30米。因其高标夺目的塔形像一管伸向蓝天的巨笔，故名笔塔。在2008年汶川特大地震中，笔塔拦腰折断。2009年重建。塔身西南、西北两面第四层、第三层两层，用湛蓝色瓷片镶嵌着“龙蟠虎踞”四个颜筋柳骨、笔力遒劲的大字。相传，此四字出于题写成都武侯祠名联“能攻心则反侧自消从古知兵非好战；不审势即宽严皆误后来治蜀要深思”的赵藩之手。赵藩，白族，云南大理剑川人，此人才智超群，被称为“小诸葛”。光绪二十六年（1900），奉命送贡品去陕西长安，慰问躲避第二次八国联军袭击而逃难到此的光绪皇帝和慈禧太后。世人尽知慈禧喜怒无常，赵藩此行难免提心吊胆，殊不知慈禧不仅召见了他，还格外嘉奖，被委为道员，复调回四川供职。归途中，赵藩来到嘉陵江、涪江分水岭上的盐亭县，下榻笔塔旁的本地会馆，他前瞻西川在望，顿然心神安定。回首此次行程，无论旅途还是仕途皆如宋初《太平寰宇记》关于盐亭负戴山的记载：“自剑门来南，过剑州，入当县山。其山龙蟠虎踞，起伏四百余里，至此却蹲。”有感于心，书成“龙蟠虎踞”四字。县人慕其名声，乃将其字补嵌于塔上。

蒙子垭字库坊　原名檬子垭牌坊、惜墨如金坊，是国内迄今发现的唯一一座字库牌坊。坐落在盐亭经开区蒙子社区原蒙子垭小学旁边，是一座高大壮观、造型奇特的石牌坊。石坊采用细砂石料，仿木榫扣结吻合而成。坊身高约14米，宽8米，厚2.8米，四角飞檐高翘。建坊首事人金万友为一石

蒙子垭字库坊

蒙子垭字库坊（局部）（何显刚/摄）

匠，为建坊筹措历时数载，几番起落，被弄得倾家荡产，以至“乏食”断炊的地步，仍矢志不渝，后得乡民协助终成夙愿。传说金万友的父亲结婚多年不见生育。忽一夜梦见四目光芒、披发持卷的字仙仓颉对他说：“按你生辰八字，既短寿且无子，当广积阴德，以求化解。”其年近四十，出门贩米往太和镇营销，一日船抵磁窑坝。突然不知从何处飞来满天字纸，他即停船打捞。收拾妥当，天色已晚，他便就近歇息。次日放船至螺蛳池，人言前船沉没，命货俱灭。他幸免难，人船全归。不久妻生一子，这便是金万友。其父是夜又梦字仙仓颉告曰："你今阴骘文大现，寿至九九之数也。"于是大喜，乃率妻引子至朝阳观神像前许下"红灯大愿"，将修库建坊，以报神恩。金万友少时聪颖过人，爱写写画画，人称"精灵板儿"。稍长后即恪守父志，遍访名师，学得攻石琢玉高超技艺，不畏艰辛，终于建成此坊。

高院寺字库塔　位于盐亭县永泰镇文同故里社区，此塔为四方四层阁楼式石塔，塔高4.3米，基础

高院寺字库塔

边长1.7米。在古永泰县文同故里，有一个“孙子打婆婆，改州换县”的传说：宋末元初，当地有一个顽劣之徒忤逆不孝，打了自己的婆婆，导致天威震怒。一日，电闪雷鸣，在黑云滚滚的高天上，一位天神手持倚天剑斩山（今寨子山尾有遗迹可寻）为戒……时值蒙古族初入中原欲统治天下，以汉文化作为封建帝国之思想基础，提倡伦理道德、孝悌忠信。当权者们认为，永泰县出现这种不忠不孝之民，以不设县治作为严厉惩治，警告乡民百事孝为先。因而撤掉永泰县，并入盐亭县。此后，文家后人分别迁至天垣、八角等地，在永泰文同故里再无文姓后人。而文同的出生地旧宅，改建佛寺，即高院寺。同时在寺庙前建字库塔，以供祭典焚烧破旧书籍、经文之用，这就是如今尚存的高院寺字库塔。

榉溪笔塔　位于九龙镇仁广村（原榉溪乡华严村），故又名华严村字库塔、文峰宝塔，建于清光绪十八年（1892）。塔身通高约13米，为五级密檐式。榉溪笔塔最独特、最有价值、与众不同的地方，就在于它是盐亭唯一采用“彩绘与彩陶雕花工艺”的字库塔，工艺之精美全国罕见，故称“花字库”，是研究四川陶制品制作技术、雕绘、建筑工艺

榉溪笔塔

的重要实物资料。相传在100多年前的一个冬日，三溪口老贡生寇冠之坐在阶檐下，一手抚着冒着热烟的茶杯，一手翻着历时8年辛苦编撰的《寇氏家谱》，不由心生感慨：启祖寇准公高居宰相，力挽狂澜、外阻强敌、内惩贪腐，是何等风光荣耀！而如今西方列强鹰视狼顾，对我中华大地虎视眈眈，不禁扼腕长叹！忽门童来报，“阴阳先生任大师到了”，老贡生让请大厅，奉茶上座，一番商量。任阴阳领命，捧着罗盘，花半天时间撵山捕脉、观峰查水，终于走在三溪口河边停下来，对着后面跟着的一大群人说，梓溪河谷蜿蜒，至此三溪交汇，故名三溪口。此山形似船，名称船笔山（又称船背山）。如能在溪边建一宝塔，像极了船的篙杆。船如果有了篙杆，从此将风车水转，此地会人才辈出。人们马上行动，纷纷捐资出款修建字库塔，丁均二百文。字库修好那年，村中孩童任师尚刚好启蒙，其名是托老贡生取的，师尚师尚，以师为尚，字望南。任望南是有名的爱国民主人士，他爱国爱乡、兴师重教，为盐亭学校捐图书，捐建九龙小学和私立文同中学（现盐亭县职业技术学校前身），做了很多回报乡梓的善事。北洋军阀时期，任师尚官至直隶省财政厅厅长、直隶省代省长。北洋政府倒台后，他漫游欧美，吸收西方先进的经济经营理念，回重庆与人合资兴办“聚兴诚银行”，同时投资“兴华保险公司”。抗战期间，任师尚在国民政府任职，官至江西省代省长、四川省财政厅厅长。1949年，四川解放，因为眷恋家乡，怀着对新中国的美好向往，任望南数次拒绝携款飞往台湾的要求，将四川省财政厅财产全部移交给人民政府。

永寿村字库塔　坐落在盐亭县黄甸镇永寿村向家湾，从山顶俯瞰，塔如明珠，上下山沟如二龙汇聚，来此抢宝，蔚为壮观。塔为泥坯烧制，六角七级，攒尖楼阁式，通高15米，采用佛塔基本形制，中心空洞贯穿全塔。上雕有滚龙抱柱、云蒸霞蔚等精美花纹，檐角挂铜质小钟18口，山风吹来，叮当之声悦耳动听。塔顶雕刻甚多，大多为《白蛇传》“断桥相会”“水漫金山”“汉文拜塔”等故事。至于为什么雕刻白蛇故事，当地也有一段传说。据说现在塔身的下面，原来有一口巨大的水井，永寿村没有像样的河流，这口井为全村生产和生活提供水源。明清之际某

永寿村字库塔

年，当地突然闹起了妖怪，杀牲畜，迷路人，兴风作浪，一时间腥风血雨，民间风声鹤唳，乡民惶惶不可终日。一日夜间，月光如水，有人偶然见一物从远处腾跃而来，没入井里。此人大着胆子向井内偷窥，见一怪物于水中盘旋，头生双角，似龙似蛇，口中雷鸣，令人丧胆。那人归告族老，众人议请阴阳先生指点迷津，阴阳先生批断是蛟蛇作怪，需在井上修建高塔镇压，在塔身雕刻白蛇故事，仿效“白蛇被镇雷峰塔”的典故，可以降伏妖怪，于是就有了兴建该塔的缘起。

（李春凤　任　春）

参考资料：刘松乔《漫话逐渐被人遗忘的字库塔——敬惜字纸 惜字祈福》

注：本文未署名图片由盐亭县地方志办公室提供。

平武土司文化故事

重修后的龙安府城墙镇羌楼

平武县位于汉藏两大民族分布的交界地区，属青藏高原牧区与四川盆地农区的过渡地带，既是中国东部与西部、南方和北方的交会点，又是“民族走廊”链条上的一环，氐族、羌族、藏族、汉族、回族等民族，从古至今都在平武生存、发展。土司制度是中国古代封建王朝在民族地区设立的地方政权组织形式和制度。自南宋末期开始，平武县境内的各族人民就被土司直接统治。以薛、王二姓土司为代表的土司体制，连续统治该地的时间长达700余年，直到1956年民主改革方告彻底结束。漫长的土司统治也给平武留下了独特的历史文化印迹。

平武土司的起源

平武古称“龙州”。西魏废帝二年（553），西魏攻占蜀地，结束了氐豪割据的局面，并将原设于北阴平郡阴平县（今江油市小溪坝镇承平村）的龙州徙置于江油关（今平武县江油关镇），州、郡、县同治一地。龙州的设置，为平武境内统县政区之始。

平武土司统治起源于南宋末期。当时的南宋面临周边国家金、元的冲击，朝廷疲于奔命，内外交困。龙州的地理位置处于南宋与金的分界点，到南宋中晚期，龙州成为宋朝廷抵抗金兵南下的战场。嘉泰三年（1203），王行俭出任龙州判官。判官，全称为“签书判官厅公事”，始设于隋代。唐代沿用，凡临时派出处理特殊事务的官都有“判官”的身份，宋代因袭唐制，在各州府仍设判官，选派京官充任，简称“签判”。龙州出现番民攻扰边地的事变，王行俭被任命为龙州判官，朝廷临时派他去处理善后事宜。王行俭在任龙州判官期间，采取各种措施，稳定形势，巩固和保卫南宋王朝的边防重地龙州，并且还“多有德政”。南宋宝庆二年（1226）敕封王行俭世袭龙州三寨长官司之职，专司署理龙州境内的诸番部少数民族。这可视为平武土司制度的滥觞。

南宋宝祐六年（1258），蒙古军队“略定龙州”后，并未在龙州建立新的统辖机构，而是到成都与蒙古西路军统帅阔端会师，龙州成为没有中央政权管辖的“废地”。而龙州境内的番人，在龙州三寨长官司王行俭的统治之下则相对稳定。蒙古军队离开龙州后，南宋朝廷着手对龙州这样的“废地”的管辖进行处置。参知政事李鸣复上疏建议，在蒙古军占领的沦陷区内“密加搜访”，“择其土人之可任一郡者，俾守一郡，官得自辟，财得自用。如能捍御外寇，显立隽功，当议特许世袭，如古方镇之法”（见《宋代蜀文辑存》卷八十二《论一时权宜之计疏》）。宋理宗采纳了李鸣复的建议，于景定三年（1262），任命进士薛严为龙州知州。薛严上任后，“开疆拓土”，把蒙古沦陷区内龙州的大部分领地再度收归南宋王朝，并且在番地推行汉文化，以达到“兴学化夷”的目的。尤因其在龙州镇压番民叛乱有功，朝廷沿袭唐代方镇节度使可世袭的陈例，于咸淳元年（1265）赐予其世袭知州之职。自此，龙州全境皆成为土司领地，进入历时700余年的土司统治时代。

重建的龙安土长官司署大门

元世祖至元十三年（1276）南宋都城临安已破，四川的抗元局面大势已去，薛严和王行俭归附元朝。元政府亦并不因薛严与王行俭坚持抗元40年而废人废职，仍准二人继续世袭其职，世长其民，世守其土，世因其俗。

平武土司的发展历程与特点

平武土司700余年的发展与消亡历史大致可以分为四个阶段：

产生阶段。从南宋宝庆三年（1227）设龙州三寨长官司开始，到元至元十三年（1276）薛严与王行俭降元时止，历时49年。其间，王行俭、薛严二人因御边守城、兴学化夷、创建龙州新城等有功而得世袭土官。

发展阶段。从元至元十三年（1276）到明嘉靖四十五年（1566）改土归流时止，历时290年。其间，各土司子袭父职，代代相因，繁盛至极，土司职官屡获升迁，势力范围也不断扩张。同时，这一时期也是平武历史上的大发展时期，龙州城的四迁四建，佑圣宫、报恩寺的修造，松潘东路官道的开通，地方封建经济的大发展等，都是这一时期的产物。

衰落阶段。从明隆庆元年（1567）到1913年龙安府废府留县，共346年。改土归流使平武土司盛极而衰，领地皆日渐缩小。到清末民初时，薛氏土司仅辖六关七寨，人丁千余，已属百足之虫，死而未僵。王氏土司则明升暗降，辖地与职官皆一分为二，所辖番民也各自仅千余人而已。表面上土司的官职很高，远大于县级行政长官，实际上却是抱残守缺，并无多大实力，行事往往受制于地方的府、县官吏，甚至地方豪强。到民国初年，其势力已衰落不堪。

王玺墓石碑（平武文管所供图）

王玺墓石马（平武文管所供图）

王玺墓石兽（平武文管所供图）

消亡阶段。1913年至1956年10月民主改革结束，历时43年。其间，民国时期的国民政府在土司领地实行保甲制、特编乡制、乡制，从表面上废除土司。中华人民共和国成立后，于1950年引入“部落”概念，短暂恢复历史上的土司制，以稳定民族地区的治理。其后通过民主改革，于1956年彻底终结了土司制度。

与其他地区的土司相比，平武土司具有四个方面的主要特点：

一是陈陈相因，代代相袭。平武土司从南宋宝庆二年（1226）产生，到1956年彻底消亡，不间断地存在了730年之久。在平武地区形成了“国家可改朝，土司只换代”的特殊政治制度。过去，土长官司衙署正门所挂之对联“分封茅土经千载，带砺山河历数朝”，就能说明这点。也正因为如此，在平武地区至今仍广泛地流传着“王老爷的江山是铁打的”“王老爷的铁纱帽”等俗语。

二是土司数量多，形成集团。改土归流之前，平武土司以薛氏家族为核心，四周则环之以宣抚副使李土司、佥事王土司、知事康土司以及今北川县境内的唐土司。同时，在各土司的族内血缘旁支中，同样可以世袭百户、千户、判官、长官司等职官。各土司之间还长期联姻，形成一个以宣抚使为核心，以血缘关系为纽带，盘根错节的世袭土司集团。改土归流后，仍保留着长官司王氏、土知事薛氏、土通判李氏、土通判王氏等土司。各土司在龙安府城都建有衙署，并以“龙安府世封府”立匾、行文相榜，以自重身份，与府、县衙署并峙并列，从而形成了边城虽小而衙门多的奇特现象。

三是封建士大夫袭任土司。平武土司的始祖都是封建时代的高级知识分子。王行俭是江南扬州新化进士，薛严是四川临邛进士。在薛王两族中，靠读书入仕而在外地做官者（包括京官）不乏其人。《薛氏宗谱》就曾把“后代子孙务要入学读书”作为家训中的第一条。王氏家族则素以“起家宋进士”“开府元将军”，能文能武而相榜自豪。因此，平武历代土司传人的文化素养都较高。

四是主司非土人，汉人任土司。通常，土司制度的特点是“以土官治土人”，但平武诸土司中无一为少数民族，皆为汉族血统。加之各土司间又联姻，在血缘上与少数民族并无多大关系，从而形成了汉人任土司这种历史上并不常见的情况。同时，平武诸土司也非龙州本籍汉人。如薛土司的祖籍是山东济南，王土司为江苏扬州人，李土司乃陇西郡人氏。

土司在平武的统治

平武土司之所以能在平武境内延续700余年，首先在于其在政治利益上与封建中央王朝始终保持一致。平武诸土司都是封建时代的汉族知识分子出身，既恪守汉族的文化传统，又通晓少数民族的民情习俗，善于运用怀柔与强硬两种手段灵活管治辖地内的各民族民众，同时也服从和拥护中央王朝的封建统治。平武土司的职官，从土知州到元帅府，从宣慰司到安抚司、宣抚司、长官司，大凡土司建制中属于地方一级的所有职官，都被封建王朝予以赐封过，就连其家眷也曾被多次赐封各种显赫的殊荣与名分。

在军事上，平武土司除了对辖地内的白马番、白草番以及木瓜番少数民族采取抚、剿并用的手法进行统治外，还将其势力经常性地向相邻的岷江和白龙江上游地区扩张。特别是在明朝的早期与中期，平武土司更是经常性地与明朝的军队一道，镇压茂汶、松潘等地的羌、藏少数民族。明洪武十四年（1381），朝廷置松潘等处安抚司，以龙州土知州薛文胜为安抚使，下领十三族长官司。此举就足以

修复后的龙安府古城墙

说明明王朝对平武土司的倚重。仅就其管辖的地理范围而言，当时平武土司的势力和影响已辐射到整个阿坝地区。

在文化和经济上，平武土司重视弘扬儒学，并因地制宜组织边区民众开展生产和建设。涪江上游地区因受自然条件的制约，在历史上就较四川盆地内部相对落后，特别是经过南宋端平三年（1236）的兵乱与后来蒙古军的破坏后，龙州更是残破至极。平武土司通过收复失地、新修儒学、开辟栈道、招民垦荒等措施，使地方的形势得到了稳定，较快地恢复和发展了生产。此后，又主持新建龙州城，建佑圣宫、修报恩寺，开通至松潘的东路官道，并设关堡墩台以戍守，这些举措使平武地区出现了超越前代的繁荣景象。

另外，作为封建统治阶级的平武土司，同样也依靠其在政治、军事上的统治地位，对辖地人民大肆剥削，过着底层民众难以想象的豪奢生活。

据《龙阳郡守太宜人邓氏墓志铭》记载，明宣德四年（1429）时龙州宣抚使一家“合族弟侄，不下数百，侍婢从僮及乎千余”。仅薛氏土司直系一族，侍候他们的侍婢童仆就达1000余人，几占当时龙州城人口的一半。据明永乐二十一年（1423）薛氏土司所立的《长春山寿记》碑记载，当时的土知州“曾、玄孙以百计，同姓族属庶若螽斯，第宅产业，富有半州。世之名门古族，时公为特盛，是以组绶联辉，瓜瓞绵延。出则高车驷马，而队仗前呵，仆从塞途；入则座华屋，列器玩。朝歌夜弦，粉白绿黛者争妍。而取爱功名，萃于一门，利泽施于千里”，自称“富有半州”，这是处于极盛时期的薛氏土司的真实写照。但盛极必衰，接踵而来的就是薛氏土司因狂妄自大而拒命谋乱，又因谋乱而伏诛，再因伏诛而被明王朝乘势改土设流。

红绿彩花卉纹带盖梅瓶
（王玺夫人蔡氏墓出土
平武报恩寺博物馆藏）

金文殊满池娇分心
（王文渊夫人墓出土
四川省文物考古研究院藏）

金仙宫夜游分心
（王文渊夫人墓出土
四川省文物考古研究院藏）

青花松竹梅纹杯托
（王玺家族墓出土
平武报恩寺博物馆藏）

金镶宝腰带
（王文渊墓出土
四川省文物考古研究院藏）

施彩蔡氏及侍女像石浮雕
（王玺夫人蔡氏墓出土　平武报恩寺博物馆藏）

平武土司改土归流

明嘉靖四十四年（1565），以镇压番人叛乱为职责的龙州宣抚使薛兆乾却发动了叛乱，随后被朝廷处决。次年，朝廷对龙州进行改土归流，改龙州宣抚司为龙安府。在原宣抚司的辖地内仍然实行以土官治土人的政策，继续保留土司制度，但将薛氏土司的职官由世袭龙州宣抚使（从四品）连降五级，成为正九品土知事，性质也由武职改为文职。其世袭领地，也从龙州一州之地而锐减为仅限于涪江与白草河源头处人丁稀少、出产不丰、土地贫瘠的边远死角和雪山峡谷地区。

王氏土司也是薛兆乾叛乱的受害者，不仅土长官司王华遭薛兆乾杀害，还受牵连被改土归流。明嘉靖四十五年（1566），朝廷钦定土长官司为武职五品，土通判为六品职衔。同时，又对王氏家族成员，分别赐封予土百户和土千户，以便于直辖与垂直统治。原龙州宣抚司副使李氏土司则被朝廷调离龙安城，改任土通判。其驻地被限定在白草坝（今北川县片口乡），后又改为艾林堡（今北川县开坪乡），力量大为削弱。

明王朝对龙州土司实行改土归流后，把涪江干流沿线自然条件较好、生产水平较高、交通较便利，同时受汉民族传统文化影响较多，被称为“熟番”的地区，单独析出归龙安府直辖。对居住在边远地区，被称为“生番”的少数民族，采取保留番官、头人制度，但互不统属、相互制约、易地安置的分而治之的策略。

在军事上，明王朝吸取薛兆乾作乱谋逆的教训，将原驻雪山脚下、涪江上游、峡谷之中的小河千户所参将，下调常驻龙安府城，既避免了龙安要地出现紧急军情面临的鞭长莫及之弊，又震慑了当地的土司，弹压了该地的番民，使之不敢再像薛兆乾那样轻举妄动。改土归流政策的实施，使平武土司的统治力量逐渐没落，并最终走向瓦解。

平武土司修建报恩寺

平武土司信奉佛教，早在明永乐年间（1403—1424），土官薛忠义就在龙州城建立了晓佛寺，以弘扬佛教。而报恩寺的修建，则将龙安地区的佛教文化推向了顶峰。组织修建报恩寺的，正是当时的龙州宣抚司世袭土官佥事王玺与王鉴父子。

报恩寺筹建于明正统四年（1439），始建于正统五年（1440），到正统十一年（1446）完成主体工程。其后，经多方集资、装塑点染，继续修葺，至天顺四年（1460），方最后完工，历时整整二十年。担任设计与负责施工的是从北京等地聘请来的工匠卢瑀、郭鼎等20余人。从事工役劳作的是当地的氐族、羌族、藏族、汉族各族人民。

报恩寺位于平武县城龙安镇的正中，整座寺院坐落在箭楼山南麓、涪江北岸的蟠龙坝之上，即山南水北之间。该寺山门正上方横匾的寺名“赐修报恩寺”五字，据传为明代新都状元杨慎（升庵）所书。寺院东西长278米，南北宽100米，占地2.7万余平方米，建筑面积达3500余平方米。报恩寺选址科学、布局合理，整个寺院建筑群背西向东、依山临坝、视野开阔。三进院落对称地坐落在长达300余米的中轴线上，大气磅礴。

关于报恩寺的创寺目的、修建时间、建造过程、寺院规模等，明正统十一年（1446）立于寺中的“敕修大报恩寺碑铭”作了较为详细的记载：“古有观音院，在今寺之南，规模湫隘，无以容众。土官佥事王玺，思无补报，欲大创寺宇，保障遐方，乃同土僧正知，叶同开山。遂请于朝，皇上允之。纶音既下，卜其美地。水环以流，山拱而秀。抡材

平武报恩寺正门

鸠工，伐石陶甓。经始于正统庚申，龙人之趋事赴功者，罔敢或后，越七祀而告成。殿宇深峻，阶墀轩敞。殿之前，则有天王殿、三桥、山门、二狮、二幢、钟楼，而极其华美。殿之后，则有七佛楼、二亭、戒台、龙神祖师之堂，而极其壮丽。殿之东西，峙以大悲殿、轮藏殿，而翼以廊庑。楼之后，则环以方丈、僧寮、斋厨、库舍，悉完整清洁。其装塑点染，雕琢藻绘，黝垩丹漆，金碧琉璃，争光照耀，炳焕夺目，盖巍巍乎其不可及也。

平武报恩寺碑亭（郭平/摄）

平武报恩寺楠木雕千手观音像（平武报恩寺供图）

于以祝延圣寿，于以护国保民，非特为美观而已。乃走书京师，谒余为铭，将勒诸石，以传示永久。”

报恩寺自建成之后，基本上没有遭受破坏，至今仍保持着原貌，具有极高的文物价值和文化价值，被专家们赞为“建筑瑰宝，中华一绝”。清华大学建筑系的徐伯安、郭黛姮教授评价说：“平武报恩寺为明初罕见之遗构，反映了从宋元向明清形制过渡的特征，在我国建筑史上当有不可低估的地位。”平武报恩寺于1956年被列为四川省文物保护单位，1996年被列为全国重点文物保护单位。它既是平武地区传统佛教文化的宝贵遗产，也是平武土司统治历史的重要见证。

（曾维益　何代华）

注：本文未署名图片由平武县地方志办公室提供。

北川羌族文化故事

北川羌寨风情壁画（何显刚/摄于北川羌族民俗博物馆）

北川自古就是以羌族为主的少数民族聚居地。汉代以后的文献将其称为“西南夷”“西羌”“茂州蛮”“龙州蛮”“白草番”“青片番”。清乾隆《石泉县志》(北川境从唐代到清代属“石泉县”)中附有“五十八番寨”图，其中的白草坝、外白寨、大鸭渡、小鸭渡等众多番寨名沿用至今。20世纪80年代初，县内相继建立20个羌族乡和1个羌族藏族乡，占全县31个乡镇的68%。1987年，四川省人民政府批准“自1988年1月起北川按少数民族县待遇”，享受相应的优惠政策。2003年7月6日，国务院国函〔2003〕75号批准建立北川羌族自治县。同年10月25日（农历十月初一，羌年）举行隆重的成立庆典，成为全国唯一的羌族自治县。2022年，全县羌族人口约8.6万人，占全国羌族人口的1/3。

北川羌族的起源与羌族史诗《羌戈大战》

关于北川羌族的起源，史书中没有明确的记载，但早在两三万年前，还处于进化过程中的人类先祖，就把北川的深山峡谷当作栖息地。县境东部甘溪一带，至今仍保存着新石器时代晚期以来人类活动的遗迹。数千年前，生活在青海高原上的羌人部落向南迁徙，进入川西北地区定居下来，成为早期的土著羌人。约2000年前的秦汉时期，又一支羌人从西北大草原南迁，到达岷江、涪江上游一带，逐渐与土著羌人融合，并繁衍至今。

关于西北古羌族南迁至岷江和涪江上游定居的情形，汉文典籍均未作专门记载，羌族史诗《羌戈大战》却以神话传说的方式作了描述。其中的“羌”，指的是从西北大草原南迁的羌族；“戈”，即戈基人，是西北羌族对更早定居于岷江、涪江上游的土著羌族的称呼。按照史诗的叙述，羌人本来生活在西北大草原，由于遭到“魔兵”追杀，羌人九弟兄率领九支人马向西迁徙，战乱中被“魔兵”冲散，便各自奔波找前程。其中一支叫白构的部落中途又折而向南。当他们逃到“日嘎岭”驻扎下来后，再也寻找不到其他八支人马的下落，自身却又遭到尾随而来的“魔兵”的攻击。危急时刻，天神木比塔决定出手相救。他抛下三块白石化作高大的雪山，挡住了追击的“魔兵”，羌人才得以脱险。随后，羌人翻越青海与四川之间的大山，进入岷江上游，开始在“热兹”定居下来。

“热兹”即今松潘，这里的草地宽广无边，和西北大草原一样，也是个放牧的好地方，成为南迁羌人的新家园。他们在这里放牧饲养，逐渐繁荣起来。后来，他们受到“日补坝”（今茂县县城所在地）的“戈基人”的侵扰。当矛盾激化时，由天神木比塔充当裁判，双方进行了多次对决。第一战，天神授给羌人木棒，却让戈基人拿麻秆作武器，因为双方所用武器有优劣之别，所以羌人轻松取胜。接着，天神又让羌人使用白石、戈基人使用雪团决战，坚硬的石头能够致命，松软的雪团却不能伤人，羌人再次得胜。再后来，天神又描绘悬崖之下如何美好，然后把状如羌人的草人推下悬崖，事先躲藏在悬崖下的羌人证实，这里

北川青片乡白石崇拜遗迹

确如天神所言，是个有丰盛美食的福地，受到谎言引诱的戈基人纷纷跳下悬崖而丢掉了性命。此后，天神还让双方比赛登天，羌人攀登的是高大的马桑树，很快抵达天庭，而戈基人从矮树往上爬，结果又以失败告终。天神以诸如此类的方式来消灭戈基人的肉体，打击戈基人的信心。由于处处有天神暗中相助，羌人终于打败了戈基人，取得完全胜利，占领了日补坝。羌人为报答神恩，奉白石为最高天神，这种习俗相传至今。羌人在今茂县盆地发展农业生产，人口增长，势力壮大。阿巴白构有九个儿子，便分散定居到今岷江和涪江上游各地，其中九儿名叫尔国（又写作尔国基），迁徙到“巨达”，也就是现在的北川。

《羌戈大战》本是羌族“释比”（即巫师）作法时演唱的经典，虽然带有浓厚的神话色彩，却生动地反映了西北羌人南迁的历程。按《羌戈大战》所述，羌人大规模迁徙是迫于战乱，因此一般认为是在秦汉之际。秦始皇统一六国后，曾派大将军蒙恬率军三十万北伐匈奴；汉代，武帝也曾多次派兵出击匈奴。这些战争虽然打击的目标是匈奴，但对生活在西北地区的羌人也产生很大的影响，迫使他们离开了自己的家园。

《羌戈大战》讲述了两场战争：先是“羌”与“魔兵”之间的战争，“魔兵”迫使羌人离开了自己在西北大草原的家园，说的是迁徙的原因；后是“羌”与“戈”的对决，“羌”作为胜利者，占领了“戈”在岷江和涪江上游的家园，说的是迁徙的结果。两场战争，完整反映了西北羌族南迁并与土著羌族融合的过程。

被古羌人称为“巨达”的北川，森林茂密，气候温和。西北地区的羌人来到这里以后，失去了放牧的条件。为了适应高山峡谷的生活环境，他们开始向土著羌族学习种植技术，从而改变了游牧的生活方式，进入农耕文明。土著羌人戈基人与西北羌人相融合，成为北川羌族之先民。

羌族释比文化

释比，古羌人称为“许”，类似于汉人所称的“端公”。古羌人敬重释比，认为他神通广大，具备多种本领，能沟通神灵，帮助羌人行善事、行公道。释比文化来源于羌族的神话传说：天神木比塔的小女儿木姐珠爱上羌族牧羊人斗安珠，愿下嫁到人间生活。天神木比塔满足了小女儿的愿望，又听

北川羌族释比（杨卫华/摄）

说人世间有妖魔作怪，为确保女儿的生活幸福，就派了一位法力强大、神通广大、能占卜、能掐会算的祭司木纳陪女儿木姐珠下凡，帮助驱灾驱魔，繁荣兴旺羌寨。木纳遵照天神的旨意，带着经书来到人间，帮助羌人请神送鬼，力保羌民五谷丰登、六畜兴旺。有一天他的经书不小心丢失，被一只羊吃了。木纳不见了经书，急得团团乱转。这时突然从树上跳下一只金丝猴给他出了一个主意：羊吃了你的经书，你就把羊杀了，剥了羊皮做成鼓，今后作法时，你敲起羊皮鼓，经文自然就吐出来了。木纳照此办了，果然灵验。于是，释比后来作法时都要戴猴皮帽，手敲羊皮鼓，口唱释比经。

北川的释比文化主要流行于北川青片河、白草河流域及漩坪、陈家坝、曲山、擂鼓等乡镇。释比在羌人生活、生产中充当着重要角色，不但负责主持羌历年、祭山会等大型集体祭祀活动，还可以为单户家人做驱邪驱魔、治病消灾、许愿还愿等法事。释比在作法时演唱的经典，内容包罗万象，涵盖羌族的历史变迁、精神信仰、思想道德、文化心理、风俗习惯、生产生活方式等各个方面，堪称反映羌族历史文化的百科全书，具有极高的文化价值和学术研究价值。

释比作法又叫释比戏，有成套的法事仪式，有各类经书唱本，有前传后教的各类法术，包括各种

羌族释比在转山会上主持祭祀活动

口令、手诀和步法。释比作法时所用之物，称为法器，除了猴皮帽、羊皮鼓以外，还有法印、符板、响盘、法铃、独角、法刀、神杖等。释比借这些法器的演示与神鬼联系。作法时，释比头戴猴皮三角帽，身穿短褂，腰围长裙，手执羊皮鼓，边打边唱，并模拟猴的动作舞蹈。其唱腔变化复杂，咒语高深难懂，鼓点和舞步特别。除经、咒外，释比还有预卜（羊髀卜、白狗卜、鸡蛋卜）、送鬼（送茅人）、踩红锅（踩烧红的铁锅）、舔铧头（舔烧红的铁铧）、吐油火（喝烧烫的菜油吐火）、炭火洗脸等巫术表演，神秘莫测，深得信众尊崇。

随着时代的发展和科学知识的普及，北川羌族传统的释比文化逐渐衰落，如今已濒临失传。2022年2月，羌族释比戏被列为四川省级非物质文化遗产代表性项目。释比戏也从过去的宗教迷信活动，演变为反映羌族历史变迁、风俗习惯、神话传说的民间文化娱乐活动，成为北川羌族节庆中重要的民俗文化展演项目。

绚丽多彩的羌风民俗

羌族传统婚俗　北川羌族传统的婚俗礼仪复杂

而隆重，主要包括订婚礼俗和结婚礼俗。

订婚礼俗。当男女还未成年时，如果男子对女子有意，男方家就会备礼，请红爷（媒人）到女方家提亲。女方家要征得母舅同意才可以允婚。之后，红爷带上礼物，去女方家吃“许口酒”。数月或数年后，男方家又请红爷携礼到女方家，以“小订酒”招待近亲。随即，男方家备重礼前往女方家报期，在女方家办酒席，宴请女方家族，作为正式订婚礼，即“大订酒”。其间索取女方的生辰八字，请释比测算，定下结婚吉日。此后，两家开始筹备婚礼。

结婚礼俗。婚礼全过程需要3天，因此举行婚礼一般选在农历十月初一以后的冬月或腊月间。那时，农作物刚刚丰收，也进入杀猪备年货的时候，物资准备充分。同时，正值农闲，有大量时间筹备和庆祝。娶嫁前夜要举行“花夜”（坐歌堂），即为新人举办的娱乐晚会，女方家高朋满座，桌上放着咂酒和12盘“干盘子”（即装有花生、核桃、红枣、柿子、苹果、橘子、糖果等的盘子，饱含圆满、吉祥、喜庆之意），女方亲友与男方迎亲队伍会进行盘歌比赛。盘歌即以歌盘问之意，方式为一问一答，随意而风趣。内容主要有三部分，即称赞新

北川羌族婚俗——坐歌堂

娘的品貌才智，勤劳朴实；谈论携带的彩礼、新娘的穿戴、一年四季的农活儿；表达夫妻敬爱、新娘与夫家人和睦相处的愿望。结婚当天新娘哭嫁，拜别亲人。进男方家门前，释比要举行祭祀神灵的仪式，驱赶附在新娘身上的“煞气”后，再向新人祝福。进门后，众人为新人举行“挂红”仪式，新人在神龛前行礼，表示结为夫妻，待男方亲友到齐，开始宴客。次日为谢客日，设宴感谢帮忙的人。婚后第三天，新婚夫妇要回门，由新郎及弟兄背着酒肉送新娘回家，看望父母之后，遂开始家庭新生活。

2011年，由北川羌族自治县申报的羌族婚俗被列入第三批四川省非物质文化遗产名录。

跳沙朗　沙朗，原为羌语北方言词汇，意为“唱起来、跳起来”，是羌族人民娱己娱神的重要方式，后来演变为羌族歌舞的统称。

《羌族释比经典·取火种》一章中写道：天神蒙格西的儿子燃比娃冒着生命危险，上天历经各种磨炼，克服重重困难将火种藏在白石里带到了人间，点燃了羌人的第一堆篝火，从此改变了古羌人的生活方式。羌人每当狩猎成功归来都会在树林里或草原上燃起篝火，一边烤着猎物，一边围着火堆边唱边跳，来庆祝狩猎成功。羌人从而逐步发展为喜庆沙朗，现今仍保留此古俗。

北川青片乡羌族沙朗节（杨松林/摄）

羌族沙朗属于集体性舞蹈，由能歌善舞者领头，男女各列一行或拉手围成圈边跳边唱，下肢动作灵活，双臂前后摆动，所唱歌曲多是口头流传下来的古老民歌，完全用羌语演唱。沙朗舞的队形基本呈圆圈状，有封口与不封口之分。舞动时，男外女内，围着篝火，且歌且舞且旋移，甩手摇肩，身体俯仰，脚步腾跃，随节奏不断变化。沙朗舞节奏明快，舞姿或雄健或优美，体现了羌族民众积极乐观、奋发向上的精神面貌。在北川，沙朗流行甚广，每逢重大节庆活动，都要举行规模盛大的跳沙朗表演。2009年，由北川羌族自治县申报的羌族沙朗被列入第二批四川省非物质文化遗产名录。

羌族民居　羌族一般在向阳、背风，有耕地和水源的半山或河谷地带筑屋造房，由几户或几十户形成自然村寨。北川羌族民居建筑主要有碉楼、碉房和木质吊脚楼。碉楼属古代建筑遗存，汉代称“邛笼”。碉楼多建于关口要隘或村寨附近及中心，以石砌筑，外观雄伟，坚固实用，楼体呈四角、六角或八角形，上细下粗，棱角突出，结构严密，内有六七层，最高的达十三四层。碉楼建筑稳固牢靠，经久不衰，已成为川西地区一大景观，彰显了羌族人民高超的建筑智慧。

北川片口乡卢维仁碉楼

碉房也叫“庄房”，为居住用房。呈方形，一般分为三层（也有两层和四层的）。上层堆放粮食，中层住人，下层圈养牲畜。楼层之间用独木做的锯齿状楼梯连接。房顶可脱粒、晒粮、晾衣，四角设有塔形石龛，上置白石，为天神居所。中层楼内两端为卧室，中间为堂屋，是平时全家聚会、接待客

北川青片乡石碉房民居

人、欢庆歌舞及举行祭祀的重要地方，内设神龛，供奉祖先、家神诸多神灵，并砌有火塘，火种终年不熄，有“万年火”之称。碉房的建筑，就地取材，以土石为料，不绘图、不吊线，也不用柱架支撑，均由当地的男劳力信手垒石砌成，他们巧妙地结合地形，分台筑室，碉房形式多样，层次不一，冬暖夏凉，牢固耐用。

木质吊脚楼主要兴建于清代中期以后。由于受社会环境变化以及羌民生活水平提高等多种因素的影响，羌民逐渐淘汰了石碉房，改用木料建房。羌民为了利用不大的地基修建尽量大一些的房屋，往往在靠山一方修成一楼一底，同时向山谷方向的坡地延伸，连接一间两楼一底的楼房。木质吊脚楼掩映在绿树翠竹丛中，与周围大山和谐相融，极具羌族特色。吊脚楼的最下层，多用石头砌成一米多高的石墙来圈养牲畜，与屋基齐平的二楼住人，三楼堆放杂物。

由于北川山势陡峭，缺少建房所需的宅基地，羌民在改建木屋时，不得不将碉房拆毁，连痕迹也很少留下。唯有最边远的青片乡境内，至今还保存着少量的石碉房，还有一些废弃了的石碉房遗迹，其中上五村大寨子的石碉房遗迹不仅连片，而且保存得较为完好。

北川黑水羌寨的吊脚楼与碉楼（蔡镇天/摄）

羌　年

羌年，又称“羌历年”，羌语叫“日麦吉”或“尔玛吉”，是羌族人民的新年节日，也是一年中最为隆重的节日。它于每年农历十月初一举行庆典，一般为3—5天，也有7—8天，有的村寨要过到十月初十。

羌年有着悠久的历史渊源。古羌人过新年实际上是每年一次的庆祝丰收和感恩的活动。羌族释比经典神话故事《木姐珠》中说，天神木比塔的小女儿木姐珠下凡与羌族青年斗安珠结婚，临行时，父母给了树种、粮种和牲畜作陪奁。木姐珠来到凡间以后，很快繁衍了人类，所种的树木骤然成林，粮食丰收，牲畜成群。木姐珠不忘父母恩泽，在秋收以后把丰收的粮食和肥壮的牲畜摆放在原野上，向上天祝祷。从此以后，羌历年就成为羌民喜庆丰收、感谢上天的日子。

据史料记载，羌历以十个月为一年，一个月三十六天，余下五天为过年，合计三百六十五天。清康熙以前，羌年的日期是以羌历计算的。后来，受到汉族文化的影响，羌族人开始使用农历历法，并将农历十月初一寒衣节这天作为羌历新年。

旧时羌年庆祝活动由各村寨自行组织。羌年来临，各家各户便忙着杀猪宰羊，蒸“瓦达”（一种用荞面包肉和豆腐做成的三叉形大蒸饺），有的还用麦面做成牛、羊、鸡、马、狗等各种形状的彩色祭品，以祭祀祖先和天神。有的人家在墙壁画上“万”字格，以祈求吉祥如意、万福万寿。羌年当天，全寨男女老少穿上节日盛装，带上祭品、咂酒和食品出门，到野外参加庆祝活动。青壮年男子还在彩色腰带上插一支两尺多长的油竹管，内装三根锦鸡长翎。庆祝活动大体由祭祀和娱乐两部分内容组成。先由寨中德高望重的老人主持宰杀牛羊祭天神，焚烧纸做的猛兽，驱除邪恶；继而由4名壮汉抬着天神的象征——白石，众人随同遍游全寨；接着男女老少在草坪上围成一个个圆圈，载歌载舞，俗称跳喜庆沙朗。其间，穿插饮咂酒、共享所带美食、互贺新年等活动，狂欢到深夜方尽兴而散。

国弱民贫的年代，大规模的羌年庆祝活动一度中断。1986年，“首届在京羌族同胞‘羌历年’庆祝大会”在北京举行，自此羌族聚居地区逐渐恢复每年农历十月初一的羌年庆祝活动。2007年3月，羌年被列入第一批四川省非物质文化遗产名录。2008年的汶川特大地震，使北川等羌族聚居地区成为极重灾区，羌族传统文化严重受损。对羌年文化的保护也由此上升到国家层面，羌年被列入第二批国家级非物质文化遗产保护名录。有关部门开始建立羌年文化的完整档案，对现存传承人进行登记造册。国家投入资金，建立《羌年活动传承人纪实录》数据库，提供羌年文化传承所需的物质保障。同时，对地震损坏的羌年祭祀场所进行修复加固。2009年10月，经北川、茂县、汶川、理县等四地联合申报，羌年被联合国教科文组织列入首批“急需保护的非物质文化遗产名录”。

北川县从1991年开始，每年以县城为中心举办庆羌年活动。为了适应现代形势，新恢复的羌年成

北川羌族民众欢庆羌年（田明霞/摄）

北川羌族民众欢庆羌年（田明霞/摄）

为一个开放的、社会性的节日，活动内容也演变为以民族歌舞、民俗文化展演和商贸交流为主。节日期间，人们走出家门，载歌载舞，欢聚一起，共同庆祝丰收，共同憧憬未来，气氛喜庆而热烈。羌历新年不仅被羌人看重，也深受北川各族人民的喜爱。如今，庆羌年已经成为北川羌族自治县的一大文化品牌活动。

（郭徽　谢雁萍　整理编写）

注：本文未署名配图由北川羌族自治县地方志办公室提供。

后 记

“绵阳地情丛书”是经绵阳市人民政府批准、由绵阳市地方志编纂中心编纂的系统性地情普及读物。该丛书旨在通过介绍绵阳的历史人文、自然地理、名胜古迹、风土民俗等独具地方特色的地情资源，宣传绵阳优秀传统文化，彰显绵阳多姿多彩的城市魅力。丛书力求采用通俗、生动、简洁的记述方式，做到史实可信、言之有据、文风活泼，兼具权威性、知识性和可读性。

《绵阳故事（二）》为“绵阳地情丛书”之一，也是继《绵阳故事（一）》之后的同题材分册。该书以绵阳地方特色文化为主题，通过对其历史起源、传承演变、内容形式和发展现状等情况进行概要性介绍，让读者对绵阳地方历史文化的总体面貌有所了解和认识。书名所谓“故事”，侧重取其本义，即“旧事”“成例”“典故”之义，与文学体裁的“故事”之义有别。然因本书内容的丰富性、趣味性和可读性，亦可当作“讲故事”的读物来品阅。本书内容包括绵阳的三国文化故事、江油重华火药文化故事、三台抗战故事、梓潼两弹城故事、盐亭字库塔文化故事、平武土司文化故事、北川羌族文化故事等。这些文化故事底蕴深厚、特色鲜明、长盛不衰，在绵阳市内外拥有广泛的社会影响力，对于绵阳城市形象塑造、旅游开发和文化建设等具有重要价值。

本书的编纂得到绵阳市各县（市、区）地方志工作机构及部分文史专家、爱好者的鼎力支持。书中图片主要由各县（市、区）地方志工作机构及部分摄影家提供，在此一并致以诚挚的谢意。

由于编者水平有限，书中错谬在所难免，望读者朋友不吝赐教。

编　者

2023年10月